寻找投资护城河

晨星公司首度解密巴菲特从未公开的选股秘诀

〔美〕帕特·多尔西(Pat Dorsey) ◎著
刘寅龙 ◎译

SPM
南方出版传媒
广东经济出版社

图书在版编目（CIP）数据

寻找投资护城河 /（美）多尔西著；刘寅龙译．—
广州：广东经济出版社，2014.8
ISBN 978-7-5454-3570-2
Ⅰ．①寻… Ⅱ．①多… ②刘… Ⅲ．①股票投资－基本知识 Ⅳ．① F830.91

中国版本图书馆 CIP 数据核字（2014）第 198864 号

版权登记号 图字：19-2009-040 号

出版发行	广东经济出版社（广州市环市东路水荫路 11 号 11 ～ 12 楼）
经销	广东新华发行集团
印刷	深圳市雅佳图印刷有限公司
开本	787 毫米 ×1092 毫米 1/16
印张	12 印张
字数	150 千字
版次	2014 年 11 月第 1 版
印次	2021 年 1 月第 1 版第 4 次
书号	ISBN 978-7-5454-3570-2
定价	48.00 元

如发现印装质量有问题，影响阅读，请与承印厂联系调换。
发行部地址：广州市水荫路 11 号 11 楼
电话：(020)38306055 37601950 邮政编码：510075
邮购地址：广州市水荫路 11 号 11 楼直销部
电话：(020)37601950 37601509 邮政编码：510075
图书网站：**http://www.gebook.com**

广东经济出版社常年法律顾问：屠朝锋律师、刘红丽律师

致中国读者信

To all of China's investors—

I hope the ideas in this book help you to find economic moats in Chinese stocks. Good luck with your investments!

Pat Dorsey

中国的投资者们：

你们好！希望本书中的观点能帮助你们在股市中找到自己的护城河。

祝你们投资成功！

帕特·多尔西

MORNINGSTAR®

国际权威评级　最受信赖品牌

晨星公司（Morningstar）是目前美国最主要的投资研究机构之一和国际基金评级的权威机构，旨在为投资者提供专业的财经资讯、基金及股票的分析和评级，以及方便、实用、功能卓著的分析应用软件工具。

晨星是一家跨国公司，现有 1 900 名成员分布在美国、加拿大、欧洲、日本、韩国、澳大利亚、新西兰及中国，为全球投资者提供 260 000 多种基金、股票投资的数据和资讯以及分析工具。

晨星公司被《华尔街日报》（*The Wall Street Journal*）评为美国排名第一的基金研究和评价机构，而根据美国证券交易委员会（SEC）的一份调查报告，美国有三分之一的投资者认识晨星的品牌。

晨星坚持对证券和资产的基本面进行分析，它并不预测股票价格等短期内的市场波动和走势，而是通过计算公司真正的内在价值，判定其市场价格是否背离了公司本身的价值。

2003 年 2 月 20 日晨星中国总部在深圳成立，目前员工人数约 1 000 人。2004 年 3 月 15 日，晨星在设立了“晨星中国基金奖”。

乔·曼斯威托 (Joe Mansueto)
晨星公司创始人、董事会主席兼首席执行官

巴菲特的护城河，终于被解密了

1984 年，我创立晨星公司，目的就是帮助散户投资共同基金。当时，还没有几个能提供股价和公司业绩数据的出版物的机构，即使是那为数不多的几个也缺乏新意。我感觉如果能以专业机构的名义提供这类信息，只要价格合理，绝对不用担心市场需求。

但我还有另外一个目标：打造一种拥有经济护城河 (Economic Moat) 的业务。经济护城河这个概念是沃伦·巴菲特最先提出来的，意指企业抵御竞争对手对其攻击的可持续竞争优势——如同保护城堡的护城河。我在 20 世纪 80 年代初留意到巴菲特，并开始研究伯克希尔·哈撒韦公司的年报。在公司年报中，巴菲特诠释了经济护城河的含义，这就启发我想到了一项新业务。对我来说，经济护城河意义非凡，因为它不仅是晨星公司的基础，也是股票分析的基础。在创办晨星之时，公司的市场需求就已经清晰明朗，不过，我更希望能形成自己的护城河。花了这么多的钱财、时间和精力，难道只是要让对手抢走自己的客户吗？

我打造的事业应该是竞争对手难以复制的。在我心目中的晨星经济护城河里，不仅包括值得信赖的品牌、庞大的财务数据库和不可复制的分析技术，还需要一定数量经验丰富、技术高超的分析师和一大批忠实的客户。我在投资业的背景、不断膨胀的市场需求，再加上我所拥有的护城河潜质的经营模式，促使我义无反顾地踏上了创业征途。

在过去的 23 年里，晨星公司取得了令人叹服的成就。今天，公司收入已超过 4 亿美元，利润率更是让业界叹服。在这条道路上，我们始终致力于让公司的经济护城河越来越宽，越来越高，越来越牢不可破。在每一个机会面前，我们都毫不动摇地铭记这一目标。

同时，护城河也是晨星公司从事股票投资的基本原则。我们认为，投资者在确定长期投资目标时，首先需要考虑的就是**企业是否拥有牢固的经济护城河，即企业能否在较长时期内实现超额收益，并随着时间的推移，能否通过股价体现其超过市场大盘的盈利能力**。更重要的是，经济护城河还可以从另一个方面为投资者创造财富：通过长期持有股票而减少交易成本。因此，对任何一个投资组合来说，拥有宽护城河的公司，都是最有价值的候选对象。

很多人作出投资决策仅仅是出于被动性，比如我们经常可以听到这样的话语：“这是我姐夫推荐的”，或是“我在《货币》(*Money*) 杂志上看到的”等。股价的跌宕起伏或是投资大腕们根据短期波动而发出的感慨，同样会让我们趋之若鹜。因此，我们最好还是首先从基本面出发，以合理的原则去评价股票，构建合理的投资组合。而这恰恰是经济护城河的价值所在。

虽然是巴菲特首先提出经济护城河的概念，但我们对这个概念进行了更深入的探讨。我们首先总结了护城河的基本共性，如高转换成本 (当消费者从一个产品或服务的提供者转向另一个提供者时所产生的一次性成本。这种成本不仅指经济上的，也包括时间、精力和情感上的。——译者注) 和规模经济，还对这些属性进行了全面剖析。虽然投资始终是一门艺术，但我们一直在努力把发掘拥有护城河的企业这种方法变成一门科学。

在晨星公司评价股票价值的系统中，经济护城河的地位是至关重要的。我们拥有 100 多名股票分析师，他们的业务领域涉及 100 多个行业的 2 000 多家上市公司。我们评价一只股票的等级取决于以下 2 个基本因素：

- 我们对股票预期公允价值的贴现；
- 公司护城河的规模。

每个分析师都建立了一个详细的贴现现金流模型，用来计算公司股票的公允价值 [国际会计准则委员会 (IASC) 在 1995 年 6 月发布的第 32 号国际会计准则 (IAS32) 中，对公允价值所下的定义是：在公平交易中，熟悉情况的当事人自愿据以进行资产交换或负债结算的金额。——译者注]。然后，分析师再根据本书介绍的技术来评定公司护城河的级别——宽、窄或是无。公允价值的贴现值越大，护城河就越宽，对股票的评级级别就越高。

虽然我们要寻找的是那些拥有护城河的企业，但我们希望能按更低的公允价值贴现值来买进他们的股票。这就是一个优秀投资者所必需具备的投资方法，就像沃伦·巴菲特、橡树基金 (Oakmark Funds) 的比尔·尼格伦 (Bill Nygren) 和长叶松基金 (Long Leaf Partners Funds) 的梅森·霍金斯 (Mason Hawkins) 所做的那样。不过在晨星公司，这种方法却是最普遍、最根本的规则。

经济护城河通过其最广泛的覆盖面，为我们认识企业的可持续竞争优势提供了一个特殊的视角。我们的股票分析师需要定期就护城河问题展开讨论，向上司汇报自己对护城河问题的评价结果。在晨星公司，护城河理论已经成为企业文化的一个重要组成部分，也是我们市场分析报告的基本主题。

在本书中，主管晨星公司股票研究业务的帕特·多尔西介绍了我们的实战经验，与读者共同分享我们的知识财富。他的睿智和博学，肯定会让广大读者深受裨益。特别值得一提的是，帕特的表达能力如此令人惊叹，无论是书面表达还是口头（你在电视上经常会看到他的身影）表达，他都是难得一见的天才，这实在让我们感到幸运。因为通过这本书洞悉我们的企业评级，和读者共同分享我们的果实，也是晨星的愿望。

在我们的股票研究以及经济护城河评级系统中，帕特始终扮演着领军人物的角色。通读本书，你会发现，帕特对整个投资活动的解释不仅深入浅出，清晰明了，而且妙趣横生。在书中，帕特会告诉大家：我们为什么要采用这种理性的长期投资方法，并根据企业经济护城河制定投资决策。**最重要的是，他会告诉各位如何把这种方法运用到你自己的投资实践中，构造一种随着时间推移而给你带来源源财富的投资组合。**通过本书，你将会掌握如何识别一个企业是否拥有经济护城河的技术，了解评判股票价值的工具，当然，在此期间，你会感到它们简单易学，趣味盎然。

纵览全书，我们将深刻理解护城河的经济价值，因为我们会看到，拥有宽护城河的企业，是怎样实现长期超额收益，而缺乏经济护城河的企业，难以承担起创造价值的重任，迟早会辜负股东的希望。

在晨星公司的股票研究业务领域中，首席证券分析师海伍德·凯利(Haywood Kelly)和全球研究总监、个人投资业务部主管凯瑟琳·奥戴尔伯(Catherine Odelbo)也起到了不可磨灭的作用。实际上，我们在护城河方面的高质量服务，要归功于晨星公司的全体证券分析师。

尽管本书篇幅不长，但绝对值得你耐心寻味。我相信，有了这本书，我们就更有可能为制定出充满智慧的投资决策而奠定坚实的理论和实战基础。我希望你喜欢这本书，当然，更希望你的投资之路一帆风顺！

推荐序II

田　劲
晨星亚太区前总裁

常识，其实也是投资护城河

经过风浪，我们明白了，下水才能学会游泳，但不等于下水就能学会游泳。同样地，投资不能只靠运气。如果我们不知道如何找寻方向，常常就会在喧嚣中迷失；倘若只是一味坚持自己的习惯，结果就是随波逐流的挣扎。其实，投资并不复杂也非神秘。

在《寻找投资护城河》这本书里，帕特·多尔西从我们身边最熟悉的事物出发，以简明的语言阐述了最基本的道理和投资分析的方法，让我们恍然大悟之余会惊奇自己为何竟然漠视了这许多显而易见的常识。摒弃噪音，掩卷沉思，在投资的尝试中您一定会多一份笃定，添几许从容。

但　斌

深圳东方港湾投资管理股份有限公司董事长

对投资者而言，如何能在比例高达97%的企业衰败过程中避免损失并追求到3%的常青企业的最大利益呢?《寻找投资护城河》为中国投资者提供了挑选优秀企业、走向长期成功的指南。我相信，切实地领悟并坚定地执行书中的某些投资智慧，将使我们拥有更美妙的投资人生。

章知方

和讯信息科技有限公司董事长兼CEO

在过去的近两年里，雷曼、AIG、贝尔斯登、美林、通用等百年老店在金融风暴中顷刻瓦解。到底什么样的公司才会持久？什么样的股票才是好股票？《寻找投资护城河》一书，将帮助中国股民发现长期高资本回报率的公司，同时，也将有助于企业管理者寻觅长期竞争优势的制胜之道，拓宽自己的护城河。

杨青丽

交银国际董事总经理研究部主管

这本书揭示了企业价值的内核，相信以理性分析为嗜好的投资者会反复揣摩、领会，希望理性投资者借此找到精神家园，任投资海洋波涛诡谲，依然优哉。

肖水龙

深圳市创东方投资有限公司董事长

《寻找投资护城河》简明、清晰地告诉我们如何使股票投资更安全、更挣钱、更持久！我们需要投资的好企业是护城河延绵宽阔、不断强化、不受侵蚀的优势企业。当你还迷茫于如何寻找护城河的时候，这本书明白地告诉你应该怎么做。

范卫锋

高樟资本创始人、CEO

巴菲特的护城河理论是很多人的口头禅。但如果被虚假的"护城河"迷惑，将比不知道"护城河"更加危险，此书有助您鉴别真假。

金融界（www. jrj. com）

《寻找投资护城河》诠释了一个经久不衰的投资制胜之道，是投资者的必读佳作。

鲍勃·佛利奇（Bob Froehlich）

德意志资产管理公司首席投资战略家

《寻找投资护城河》是我闯荡华尔街30多年来读过的最佳的投资理财书。

路易斯·辛普森（Louis Simpson）

政府雇员保险公司资本运营部总裁兼首席执行官

《寻找投资护城河》为我们发现拥有长期资本报酬率高的公司，提供了一套合理的架构。帕特·多尔西为我们诠释了在选股时，如何寻找持久的竞争优势。在进行长期投资时，有四大竞争优势来源尤其重要：无形资产、转换成本、网络效应和成本优势。这也是我们在股市中长期制胜的法宝。

蒂莫西·维克（Timothy Vick）

萨尼贝尔信托投资公司高级基金经理

《巴菲特怎样选择成长股》作者

只花上两个晚上的时间，看一遍帕特·多尔西的《寻找投资护城河》，就可以让你对以前屡战屡败的投资，感到大彻大悟。这是为你的投资组合找出绩优股的终极宝典。更重要的是，它还可以引导你避免那些经不住时间检验的劣质投资。它是每个投资者的必读佳作。

拉里·科茨（Larry Coats）

橡树价值资产管理公司首席执行官

帕特·多尔西提供了一套实用的架构，把变幻莫测的未来融入到今天的投资决策之中。他告诉我们，成功的长期投资需要一点艺术，一点科学。

《金融时报》（*Financial Times*）

这本书详细解释了巴菲特的经济护城河理论，诠释如何寻找具有真正内在竞争优势的企业。

目 录

The Little BOOK That Builds Wealth

c o n t e n t s

前　言

The Little BOOK That Builds Wealth

哪类企业会给你带来持续的超额收益？

在股票市场上，赚钱的方式多种多样。你可以玩玩华尔街的游戏：义无反顾地紧盯市场趋势，绞尽脑汁地猜测哪家公司在每个季度都能超过收益预测，但最终还是要面对无数的竞争；你也可以买进强势增长、牛气冲天的股票，但都要冒股价上涨后无人接手的风险；甚至你还可以买进几乎分文不值的股票，而根本不去考虑其基本面，但你毕竟还是要权衡一下，股价反弹带来的超额回报和股票退市而造成的损失到底孰轻孰重。

你也可以按合理价位买进那些业绩超群的公司股票，享受它们带给你的长期回报，让你手里永远不缺少现金。不过，让人百思不得其解的是，尽管有很多世界顶级投资者对这种投资策略屡试不爽（巴菲特就是其中的典范），但还有很多基金经理对此置若罔闻。

其实，落实这项策略的投资方法很简单：

- 寻找能持续多年实现超额收益的企业；
- 耐心等待，在股价低于其内在价值时买进；

- 持有股票，直到企业出现衰退导致股价高估或是找到更佳的投资机会时卖出，持有期至少应达到 1 年，而不是以月数来衡量；
- 必要的话，可以重复上述操作。

本书基本上以上述第一个步骤为重点：寻找能持续多年实现超额收益的企业。如果能做到这一点，你就已经走到绝大多数投资者的前面了。在本书中，我总结了一些评价股票的诀窍，还就何时卖出股票和如何着眼于下一个投资目标提出了自己的一点愚见。

为什么说寻找能多年创造高额收益的企业是如此重要呢？要回答这个问题，先要看看企业筹资的目的，即吸收投资者的资金，并以此创造收益。企业就像是一台大机器，它把吸收进来的资本投资于产品或服务，然后创造出比投入资本更多的资本（当然，这是对于好的企业来说的）。但也可能出现吐出的资本比吸纳的资本更少的情况，这就是对于那种劣等企业而言了。

如果一个企业能持续多年实现高投资资本回报率 (ROIC)，那么它就能让你的财富与日俱增。资本回报率最能说明企业的盈利能力。它衡量了一个企业是否能有效地利用其全部资产：厂房、人员和投资，为股东创造价值。当然，你也可以把资本回报率比作共同基金经理实现的投资回报，只不过企业管理者的投资对象不是股票和债券。我们将在第 2 章里详细探讨资本回报率。

但是，能够做到的公司并不多，**因为高资本回报率对竞争对手的吸引力，就如同花粉对蜜蜂的诱惑一样不可抗拒。而这正是资本的本质——永无止境地去寻找能带来更高回报的财富天堂，也就是说，只要有一个行业有利可图，竞争就会接踵而来。**

因此，从一般意义上看，资本回报率就是我们所说的“均值回归”(mean-reverting)。换句话说就是，随着竞争的加剧，企业的超额收益将逐渐萎缩；但随着企业不断开辟新业务或是竞争对手的离开，低收益企业的业绩将不断得到改善。

但也有一些公司确实能长期性地在竞争对手面前岿然不动，它们就是你要找的财富创造机器，它们也是你构筑投资组合的基石。我们可以想想美国啤酒巨头安海斯－布希公司(Anheuser-Busch，简称 A-B 公司，于 1852 年创立，旗下有世界最大的啤酒酿造公司，公司出产的百威啤酒名扬世界。——译者注)、甲骨文(Oracle，全球最大的数据库软件公司。——译者注)和强生(Johnson & Johnson)，它们都拥有令人叹为观止的利润率，都能在残酷的竞争面前持续多年保持居高不下的资本回报率。也许它们只是幸运而已，抑或它们(更有可能)拥有大多数企业欠缺的某种特质。

那么，我们到底怎样才能识别这样的企业呢？要知道，它们不仅拥有灿烂的今天，更有可能在未来的很多年里昂首屹立。实际上，这个貌似简单的问题，也是选择投资对象时所面临的最关键的问题：到底是什么阻止敏捷灵活、资金丰厚的竞争对手侵入它们的领地呢？

要回答这个问题，不妨看看一种被称为“竞争优势”或经济护城河的结构性特征。就像能拒敌于城池之外的护城河一样，经济护城河则保卫着世界顶级公司的高资本回报率不受侵犯。如果你能找到拥有经济护城河的公司，并按合理价位买进其股票，那么你就可以为自己打造出一个精妙绝伦的投资组合，让你更有可能在股市上一帆风顺。

那么，到底是什么让护城河如此与众不同呢？这就是我们在随后的第 1 章里将要讨论的主题。在第 2 章里，我会告诉你怎样避免被虚假的繁荣景象所蒙蔽，因为很多公司的特征都貌似优势竞争的载体，但其实不然。然后，我们将用几个章节的篇幅，深入探究经济护城河的源泉。这些特质赋予企业真正的持续性竞争优势，因而也是最需要我们深刻领悟的内容。

不过，这仅仅是任务的一半。在认识了经济护城河的内涵之后，我们将探讨如何识别正在被侵蚀的护城河、行业结构在创造竞争优势中的作用以及管理者如何打造（或摧毁）自己的护城河。随后，我们将以案例研究的形式，把竞争分析法运用于一些世界知名企业。最后，我们还将介绍股票的估值问题：即使是护城河再宽的公司，如果你以太高的成本购买其股票，也可能让你赔钱。

第 1 章

经济护城河

什么是经济护城河？它如何帮我们挑选绩优股？

“

可口可乐和麦当劳都曾凭借经济护城河摆脱绝境。作为投资者，如果你选择的公司拥有经济护城河，就相当于你买进了一条能在未来若干年内不会受到竞争对手侵袭的现金流。但是，到底什么是经济护城河？

”

对大多数人而言，越是经久耐用的东西，人们就越愿意为其支付更高的价钱，这应该算是常识吧。越是耐用的东西，价钱往往也越高，从厨房用具到汽车，再到住宅，无一例外，原因何在呢？因为人们随着对这些物品的使用时间越来越长，就在一定意义上弥补了高昂的采购成本。本田的汽车就是比“起亚”贵，项目承包制造工具的价格肯定要高于从街边五金店购买的小工具，无一不是这个道理。

这同样也适用于股票市场。寿命长久的企业，也就是竞争优势更强大的公司，注定比那些昙花一现的公司更有投资价值，因为后者从来就没有过什么竞争力。正因为如此，我们才说，**经济护城河对投资者而言至关重要：拥有护城河的企业，要比那些没有护城河的企业更有投资价值**。因此，如果你能识别哪些企业拥有属于自己的经济护城河，那么你就可以买进它们的股票。

要理解护城河能给企业带来价值的原因并不难，我们只需要想想到底是什么决定了企业的价值。每只股票都代表了投资者在这个企业中拥有的一份权益（很可能非常小）。一座公寓楼的价值，就是租户支付的房租现值扣除维修费用后的余额。同样，一个公司的价值，就等于预期创造的现金现值减去维持和扩大经营所必需的支出。要计算这个现金现值，我们只需按时间和风险度对利用资产创造的未来现金流进行调整。这就是“一鸟在手，胜似二鸟在林”的道理。因此，我们可以说，手头持有的 1 美元比尚不确定的 1 美元更值钱，同样，可以确认的未来可收回现金，要比目前尚不确定能否收到的现金更有价值。如果你对这个概念仍然感到模棱两可，不要紧，我会在第 12 章和第 13 章里介绍一些基础估价原则。

我们不妨作一个比较，假设两家公司的增长速度基本相同，资本数量以及相同资本创造的现金量也基本一致。其中一家公司有经济护城河，因此，在未来十几年里，它就能对这些现金以更高的回报率进行再投资。另一家公司则没有这样的护城河，这就意味着，只要竞争对手乘虚而入，他们的资本回报率就会一落千丈。

拥有经济护城河的企业可以在更长的时间内为投资者创造更多的经济利润（Economic Profit，指厂商的收益与它的成本之差，它表示为投入资本的回报减去资本成本，再乘以资本额。——译者注）。

如果你选择的公司拥有经济护城河，就相当于你买进了一条能在未来若干年内不会受到竞争对手侵袭的现金流。这就像你花更多的钱去买一辆能开 10 年甚至更长时间的汽车，但一台用上几年就彻底报废的破机器，当然就不值得你花这么多钱了。

在图 1.1 中，横轴代表时间，纵轴代表投资资本回报率。你可以看到，左边这家公司（有经济护城河）的收益率在经过很长时间之后才开始出现下降，因为它有能力打败竞争对手。而右边没有经济护城河的公司，却不得不面对更惨烈的竞争，因为它的资本回报率下降速度更快。黑色区域是每家公司累积创造的总经济价值。从图中可以看出，经济护城河会给企业带来多么大的价值。

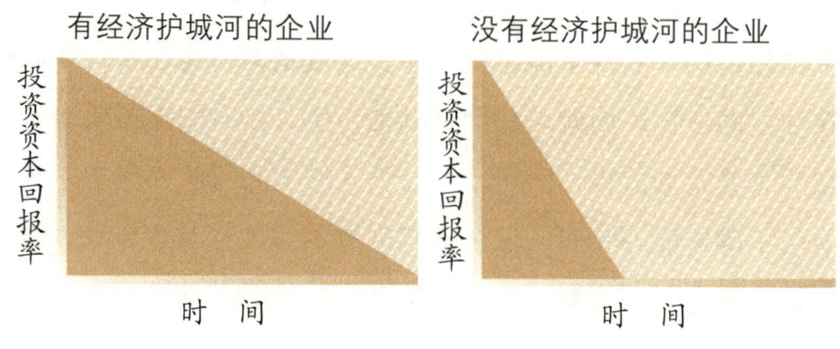

图 1.1　企业有无经济护城河的差异

因此，经济护城河如此重要的一个主要原因就在于，它能给一家企业带来价值。找到这条护城河，不仅会让你在选股时领先一步，更能让你在确定买价上做到未卜先知。

一语道不尽的护城河

还有什么原因会让经济护城河成为选股的核心要素呢？

设想一下，这条护城河可以从诸多角度保护你的投资安全。

首先，**它可以强化你在投资上的自律性，这样，你就不太可能为一个竞争优势岌岌可危的热门公司股票支付高价钱**。过高的资本回报率最终往往会化为乌有，对大多数公司及其投资者而言，收益递减的速度都是非常惊人的，也是让人痛苦万分的。

想想那些初出茅庐便辉煌一时的零售商，如今，他们的牌子已如同中世纪的裙撑（一种能使外面的裙子蓬松鼓起的衬裙，旧时主要用于各类晚礼服中的长裙。——译者注），被人们彻底尘封在记忆的角落中。当然，我不得不提的还有那些曾如日中天的所谓技术型公司，之所以这样说，是因为只要有另一家公司开发出更好的玩意，他们的竞争优势便会在一夜之间荡然无存。要赶上飞速增长的暴利时代并不难，但最重要的是这个时代到底能维持多久。经济护城河能为我们提供一个判断架构，帮我们区分昙花一现的公司与基业长青的公司。

其次，如果你能在识别护城河这个问题上眼光独到的话，你的资本遭受灭顶之灾（或者说是不可逆转的投资损失）的概率便会大大减小。有了护城河，企业就更有可能随着时间的推移，安全稳健地增加其内在价值，因此，即使你按相对较高的估值（当然，这样的估值也许是后见之明）买进这些股票，内在价值的增长也能确保你的投资收益秋毫无损。而没有经济护城河的企业，一旦其竞争力遭受顿挫，他们的内在价值就可能直线式下降，因此你肯定不愿意为这样的股票支付高价钱。

经济护城河能为公司带来超额收益，但这种竞争优势必须是结构性的。例如，某公司拥有一个非常时髦的品牌，此时公司可以轻易赚取高额利润，但大众的时尚品味随时会变，可能用不了多久这个品牌就会失去关注。相反，巴菲特购买的Burlington Northern铁路股，可能短期内不如时尚服装公司回报高，但能在未来持续赚钱。

再次，经济护城河还可以让企业更灵活自如、更富于弹性地运转，因为一个能依赖结构性竞争优势的企业，更有可能尽快摆脱暂时的困境。为此，我们不妨回想一下，可口可乐在几年前推出“新可乐”以及新近推出 C2（可口可乐公司最新推出的一款饮料，这种可乐在口感上与普通可乐没有什么区别，只是碳水化合物和卡路里含量是普通可口可乐的一半。——译者注）时，都曾遭受过沉重的打击。

两次惨败让可口可乐付出了沉重的代价。但可口可乐赖以生存的毕竟还是自己的核心品牌，因此，两次失误并没有把他们带入绝境。

此外，可口可乐的问题还在于，他们未能及时认识到消费者偏好已经发生的变化——消费者对水和果汁等非碳酸饮料的需求正在与日俱增，这也是造成可口可乐公司在过去几年增长乏力的一个重要原因。但由于可口可乐公司已经对自己的分销渠道实现了掌控，因此，他们还是借助于“Dasani”系列瓶装营养水（可口可乐公司在其推出的瓶装水中加入营养成分，并给该系列产品命名为Dasani。——译者注）的推出，以及对其他非碳酸饮料品牌的收购，有惊无险地渡过了这一难关。

麦当劳也是一个例子，早在十来年前，他们就曾身处困境。快餐业是一个竞争激烈得让人难以置信的行业，你完全能想象得到，一个任由服务质量江河日下，同时又不能与消费者口味保持同步的企业将会遭遇怎样的境况。事实上，这也正是媒体在2002年和2003年对麦当劳的描述。然而，麦当劳那无人不知、无人不晓的品牌就是他们最安全的护城河，再加上其无所不在的经营网络，最终他们重整旗鼓，凭借那些没有护城河的连锁餐饮店所无法比拟的优势，东山再起。

成为识别经济护城河的高手

对于这些拥有护城河的企业，能够迅速从困境中跳脱出来的能力，就是投资者依照合理价位对其投资所最需要的心理保障，因为只有在市场出现反常时，这些企业所拥有的非凡价值才能体现出来。如果你能在股价下跌前就去分析一个企业的护城河，那么你就可以更深刻、更清晰地认识到，公司所面临的问题到底是暂时性的，还是永久性的。

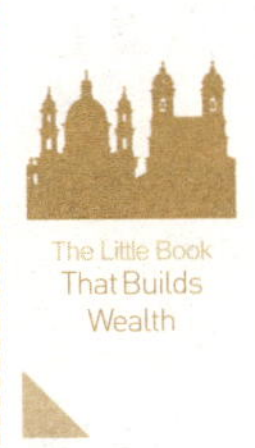

腾讯上市至今股价上涨了150多倍，同时市值达5.41万亿港币，超过百度、网易、新浪、搜狐等4个公司市值之和。腾讯的护城河就是其拥有即时通讯平台QQ 。庞大的客户基础、强大的客户粘性为企业建立了又宽又大的护城河，帮助企业在互联网增值业务、在线游戏、网络广告等方面持续获得超额收益。

归根结底，经济护城河能帮助我们对所谓的“能力范围”(Circle of Competence) 作出定义。如果能把投资范围限定在自己熟悉的领域，比如说金融股或是技术股，而不是广种薄收，那么大多数投资者也还能够取得相当不错的业绩。既然不能成为触类旁通的博学家，那么，为什么不去钻研具备优势竞争力的企业呢？这样，你就可以把这个宽广无限、无法预知的投资大世界，变成一个你能够深刻领会和尽情享受的理财小家园。

这就是我想通过本书要告诉你的东西：让你成为一名识别经济护城河的高手。如果你能发现别人没有发现的那条护城河，那么你就能以低价买到明天的聚宝盆。同样重要的是，认识那些没有护城河但却因为股价一时偏高而被市场盲目推崇的企业，你就能避免这些后患无穷的股票殃及自己的资产组合。

寻找投资护城河箴言

购买一只股票，只意味着你掌握了这个企业的一点皮毛，而且是非常有限的、少得可怜的一点点。

企业价值等于它在未来所创造的全部现金。

一个能长期实现现金盈利增长的企业，要比那些只能实现短期现金盈利增长的企业更有投资价值。

资本回报率是判断一个企业盈利能力的最佳指标。它反映了企业用投资者的钱为投资者创造收益的能力。

经济护城河能保护企业免受外来竞争的影响，帮助它们在更长的时间内获取更多的财富，因而，这样的企业对投资者而言也就更有价值。

第 2 章

真假护城河

不要被虚幻的竞争优势所蒙骗

The Little Book That Builds Wealth

“

巨大的市场份额、优质的产品、伟大的 CEO，
这些真的就是竞争优势吗？
如果是，柯达、IBM、通用和安然
为什么会跌下神坛甚至倒闭？
经济护城河若隐若现，有没有一整套具体的标准去发掘？

”

在投资界流传着这样一个共识："赌马赌的是骑师，而不是马。"换句话说，管理团队的质量要比业务质量本身更重要。我觉得这对赛马来说是贴切的。繁育和训练赛马的目的就是要让它们跑得更快，而马匹之间的差异并不大。在这个问题上，我也许有点班门弄斧，因为我没有看过赛马。不过，有一点我敢肯定：毛驴和设得兰矮种马（世界上有 20 多个品种的矮种马，最著名的是设得兰种，它是所有矮马中体形最小的一种。——译者注）绝不可能与纯种马相提并论。

但商业世界并非如此。在股票市场上，毛驴和设得兰矮种马绝对能和纯种马同场竞技，纵然是世界上最好的骑师，如果只是想玩玩，未必能显示出自己的出类拔萃之处；即使是毫无经验的骑师，也能在这个赛场上一鸣惊人，让职业骑师大跌眼镜，甚至在肯塔基赛马场（美国著名赛马场，拥有超过 133 年的历史。——译者注）赢得奖杯。作为投资者，你的工作就是关注马匹，而不是骑师。

为什么这样说呢？因为对经济护城河来说，唯一称得上至关重要的是：**经济护城河是企业能常年保持竞争优势的结构性特征，是其竞争对手难以复制的品质。**

与管理上的出类拔萃（比如企业如何巧妙地出牌）相比，护城河更依赖于手里抓到的牌到底是什么。我们不妨进一步引申这个类比，如果世界上最优秀的牌手只拿到一对 2 点牌，那么，和一个手里攥着同花顺的业余选手相比，他也不大可能获胜。

尽管巧妙的策略有时能在逆境中创造出竞争优势（比如说戴尔电脑和西南航空公司），但现实告诉我们，有些业务确实有很大的优势，它们生来就领先一步。即使是管理再糟糕的制药公司和银行，在长期资本回报率方面也会让极其优秀的化工或汽车配件公司自叹弗如。

华尔街从来就是个只注重短期效应的名利场，因此，我们很容易把昙花一现的好消息和长期竞争优势的特征混为一谈。

在我的经历中，最常见的虚假护城河就是优质产品、高市场份额、有效执行和卓越管理。这 4 个陷阱可能让人误以为公司有护城河，但事实很可能并非如此。

是护城河，还是陷阱

优质产品很少会形成护城河，尽管它确实能给企业带来可喜的短期业绩。例如，克莱斯勒汽车公司在 20 世纪 80 年代推出第一款小型货车时，确实为自己在未来几年内创造了一台印钞机。当然，在一个盈利比登天还难的行业里，这样的优势不可能逃脱竞争对手的眼睛，于是大家蜂拥而至。在汽车制造行业，根本就不存在能抵御其他竞争对手分享克莱斯勒饭碗的结构性特征，因此，他们马上就放弃了小型货车及相关的配件业务。

我们来看下一家名为 Gentex 的小型汽车配件供应商。就在克莱斯勒的小型货车面世后不久，他们马上就推出了一款自动变光的后视镜。相比整车市场，汽车配件业的竞争状况不会好太多，但由于 Gentex 在汽车镜方面拥有多项专利，这就意味着，其他厂商根本不能与之相抗衡。结果可以想象得出来：Gentex 连续多年实现高额利润，即便是在后视镜上市的 20 多年之后，公司的资本回报率依然高于 20%。

这让我再次深深地体会到：**如果企业没有可以保护自己业务的经济护城河，竞争对手迟早会撞开它的大门，抢走其利润。**在华尔街，商场英雄一夜之间变成乞丐的事例不计其数。

> 还记得 Krispy Kreme 公司（美国第二大甜甜圈食品店，1937 年创立于北卡罗来纳州，现总部位于纽约。——译者注）吧？尽管公司有新鲜可口、让人垂涎欲滴的甜甜圈，但它却没有属于自己的经济护城河——这就让消费者可以轻而易举地转向消费其他品牌的甜甜圈，或是减少对 Krispy Kreme 甜甜圈的消费量（这确实是一个让我付出巨大代价之后才领悟到的教训）。再看看著名服装品牌汤米·希尔费格 (Tommy Hilfiger)，其品牌曾红极一时，但庞大臃肿的分销体系侵蚀了它的光泽，让“汤米”成了甩卖柜架上最常见的名字，而整个公司的财务状况从此也一蹶不振。当然，又有谁能忘记昔日的 Pets.com、eToys，还有其他曾经朗朗上口的电子商务网站呢？时至今日，只有在讲述互联网泡沫历史的案例里，我们才能依稀看到这些名字。

而近期市场对乙醇的狂热追捧，同样是一个富有启发性的例子。2006 年，我们曾目睹一系列影响深远的事件发生：原油价格直线飙升、提炼加工行业生产能力日趋紧张、汽油标准的调整以及玉米产量的大幅波动，共同造就了乙醇生产行业 35% 的经营利润率，使乙醇的生产成为最赚钱的行业，而综观整个行业，几乎所有的生产商都赚得盆满钵满。

华尔街更是大张旗鼓地把乙醇奉为下一个市场大热门，不过，让那些对乙醇生产行业维持高收益坚信不疑的投资者感到失望的是，对乙醇的生产与加工却是一个典型的无护城河业务。它只是一个在本质上没有竞争优势的普通商品，更谈不上规模经济。如果乙醇加工厂的规模太大，在成本上就是不划算的，因为一旦规模太大，就需要在较大地域内收集玉米，而这又会增加进货成本。此外，处理生产残余物也需要耗用大量的天然气。因此，后面发生的故事，也就不言自明了。

股票投资是一个概率游戏，明智的人不应该把钱押在小概率的事件上。这些年，中国的零售企业的表现都很优秀，但这在很大程度上是因为水涨船高：当全国零售额每年以双位数增长的时候，你很容易取得好的成绩。但这不等于你拥有一条宽宽的护城河。

一年之后，美国的原材料价格依旧居高不下，加工能力依旧紧张，但玉米价格已经大幅暴涨，于是，加工厂纷纷转向新的汽油标准，越来越多的乙醇生产商进入市场。结果，所有乙醇厂商的经营利润率一落千丈，而其中规模最大的厂商，实际上已经开始亏损。没有经济护城河的企业，它的财务成果注定要归于消逝。

公平地说，一鸣惊人的产品或服务，偶尔也能转化为一种经济护城河。不妨以饮料制造商汉森天然公司 (Hansen Natural，一家生产健康饮料的企业，其产品有不含防腐剂的天然苏打水和低碳酸桃汁等。——译者注）为例。在21世纪初，他们生产的“怪物”(Monster)系列运动饮料一炮走红，一经上市便成为市场宠儿。但汉森并没有满足于“怪物”带来的成功，而是借此机会与啤酒巨头安海斯－布希公司联手，双方达成长期分销协议。这就让他们在运动饮料市场上一举建立起其他竞争对手所不具备的优势。

今天，任何一个想和“怪物”饮料一决高下的企业，都必须要先攻克汉森公司在分销环节的优势。这真是比登天还难吗？当然不是这样了，因为百事可乐和可口可乐都有自己的分销网络。但这确实有助于保护汉森的利润流，因为它让其他运动饮料根本没有机会走到消费者面前，更不用说一鸣惊人了，而这就是经济护城河的本质所在。

那么，一个拥有多年辉煌并依旧在业内举足轻重的企业，又会怎样呢？拥有高市场份额的企业，就一定拥有经济护城河吗？

遗憾的是，在给你的城堡挖掘护城河时，高市场份额未必是好事。我们总会想当然地认为，如果一个公司拥有巨大的市场份额，就一定会拥有可持续的竞争优势——有谁能从他们手中抢走这么大的一块蛋糕呢？但历史告诉我们，在竞争惨烈的市场上，领先的优势可以转瞬即逝。柯达（胶卷）、IBM（个人计算机）、网景（互联网浏览器）、通用汽车（汽车制造）和Corel（文字处理器软件），就是经历过这类事件的公司。

他们都无不痛苦地体会过从天堂到地狱的感觉：由于没有在自己周围建立或加固护城河，这些曾经在业内一呼百应的企业，最后只能拱手把自己的市场份额送给挑战者。所以说，**我们首先需要提出的问题，并不是企业是否拥有巨大的市场份额，而是它如何赢得**

市场，这将有助于我们认识企业的主导地位是否坚不可摧。

在某些情况下，巨大的市场份额根本就不能给企业带来任何优势。如在以人造髋骨和膝盖为主的外科整形装置制造业里，纵然是规模很小的厂商，即使市场份额一成不变，也能给他们的投资者带来丰厚回报。在这个市场上，做大并不会给企业带来什么真正的优势，因为外科整形医生并不是根据价格来决定是否给患者做整形手术。

此外，这个行业的转换成本也相对较高，因为各家公司的产品移植方式均有所不同。因此，医生倾向于始终选择同一家公司的产品，不管规模大小，这些转换成本对业内的所有厂商基本都是一致的。最后一点是，由于技术创新层出不穷，庞大的研发预算也就没有什么意义了。

由此看来，虽然规模可以帮助企业建立竞争优势——我们将在第 7 章进一步讨论这个问题，但却很少能成为经济护城河的来源。同样，高市场份额也未必能带来护城河。

体现有效执行的经营效能又如何呢？有些公司以擅长调度和解决疑难杂症而著称，经验表明，某些企业的确能比竞争对手更轻松、更稳定地实现经营目标。这难道还不能说明，有效的执行可以带来竞争优势吗？

很遗憾，答案是否定的。在缺少某些结构性竞争优势的情况下，我们还不足以认为他们一定比竞争对手更有效率。实际上，如果企业的成功仅仅依赖于比对手更灵活、更精明，那么，这些企业就更有可能在效率主导型的高度竞争行业中取得一席之地。在执行效率上超越对手当然是个好办法，但如果没有难以复制的专有流程为基础，这个策略就不足以成为可持续竞争优势。

天才管理者不是可持续竞争优势

在我们归纳的虚假护城河中，CEO 的才能排在第 4 位。一个卓越的管理团队也许可以让企业运行得更顺畅、更出色，如果其他一切条件都相同，你肯定愿意拥有一家由一大群天才管理的企业，而不是由一大帮失败者运营的企业。不过，仅仅拥有一个超凡脱俗的天才管理者，绝不等于就拥有了可持续的竞争优势，其中的原因是多方面的。一些关于独立分析式管理决策影响力的研究结果表明，管理对企业绩效的影响并没有我们想象的那么大，其影响力位于行业控制力和其他多种因素之后。其实，这并不难理解：在绝大多数情况下，个人对大规模组织所能带来的实际影响都是有限的。

巴菲特不会投资他不熟悉的公司，他会选择少数几种可以在长期拉锯战中高于平均收益的股票，并将大部分资本投资在这些股票上；他还认为，如果一家公司经营有方，管理者智慧超群，它的内在价值将会逐步显示在它的股值上。所以，巴菲特不会跟踪股价，他将大部分精力用在分析企业的经营及管理状况上。

更重要的是，我们在挑选优秀管理者的时候，不可能预知未来会发生什么，因为个人的未来本身就是很难预测的。因此，在识别经济护城河的时候，首要目标就是要了解我们对企业未来绩效抱有的信心是否理性。管理者总是来来往往，尤其是在当今的市场环境下，雇用一个超级明星 CEO 可能会在一夜之间就能让企业价值暴涨几十亿美元，因此，高管的更迭早已经成为企业创造价值的秘诀。那么，我们怎样才能知道：一个背负了我们对企业未来全部希望的天才管理者，3 年之后还能不能和我们并肩作战呢？一句话，我们根本就不能指望这个（第 10 章将进一步讨论管理问题）。

最后一点，我们还不得不承认，评价管理者的时候，更多的还需要后见之明，事先就能作出恰当评语的可能性微乎其微。不妨回忆一下那些曾冉冉升起，而后便销声匿迹的管理新星，这样的例子不胜枚举。思科系统公司的 CEO 约翰·钱伯斯 (John Chambers) 和前安然公司董事长肯尼斯·莱 (Kenneth Lay) 之间，现在看来自然是有天壤之别。**所以说，我们很少会在商业媒体上看到“未来 10 年的管理奇才”之类的预测。**相反，我们能看到的，无非是回顾总结性的调查和研究，而它们也都无一例外地假设：公司的财务状况和股价的表现基本受制于 CEO 的能力。很多以评价业内同行为主题的高管调查也无法摆脱这样的偏见。

真正的护城河

如果说优质产品、高市场份额、有效执行和卓越管理都不是值得我们信赖的护城河标志，那么，我们应该寻找的到底是什么呢？请看看下面这些：

- 企业拥有的无形资产，如品牌、专利或法定许可，能让该企业出售竞争对手无法效仿的产品或服务。
- 企业出售的产品或服务让客户难以割舍，这就形成一种让企业拥有定价权的客户转换成本。
- 有些幸运的公司还受益于网络经济，这是一种非常强大的经济护城河，它可以把竞争对手长期地拒之于门外。

- 最后，有些企业通过流程、地理位置、经营规模或特有资产形成成本优势，这就让他们能以低于竞争对手的价格出售产品或服务。

根据我们在晨星公司的实践经验，这四大特征体现于绝大多数拥有护城河的企业，以它们为过滤器，就可以引导我们在成功的道路上一往无前。我们对全球数千家公司在过去几年中的竞争地位进行了深刻分析，经过千锤百炼，我们最终通过一个超大型数据库提炼出了这四大特征。

这个识别经济护城河的架构不同于以往评价竞争优势的模型。我们认为，有些企业确实比其他企业优越——因而更适于被定义为“更有可能创造出可持续的高资本回报率”，这也正是需要你耐心寻找的特征。因为有了它们，你就能从芸芸众生中找到那家能给你带来财富的好企业。但在我们阅读行业或经营战略方面的论著时，却很少能听到这样的信息，其中的原因很简单。

大多数研究竞争优势的学者，只是在向企业管理者兜售自己的理念，因此，他们自然要关注于企业可以用来改善或维持竞争优势的通用战略。他们希望自己的理念能尽可能地适用于各种场合，因而我们更有可能看到这样的语句：“只要遵循这些原则、战略和目标，任何一个企业都能做到出类拔萃。”当然，如果你是一个想改善企业绩效的强硬派企业高管，它们自然可以让你受益匪浅。如果你想把自己的战略专著卖给这些管理者，它们同样也可以派上用场，因为积极的信息和放之四海而皆准的原则，肯定能说服更多人接受你的观点。但是，这么直截了当地归纳一个好企业的特性，对于不具备这些特征的企业，其管理者自然难以接受，更不用说欢迎了。

找到竞争优势就找到了绩优股

但作为投资者，当管理者想方设法地呵护企业穿越枪林弹雨的市场竞争时，我们却不能一门心思地想当然。相反，我们可以对投资全景进行全方位调查，寻找显示出经济护城河迹象的企业，把精力集中到那些最有希望的对象身上。如果某些行业拥有比其他行业更具结构性的吸引力，那么，就可以在它们身上多花点工夫，这样，我们发现经济护城河的概率就会大为增加。如果认为这些行业都不具备吸引我们的竞争特点，完全可以一带而过，统统放弃。

在投资者寻找具有经济护城河的企业时，首先要知道：**当具有竞争优势的企业出现在我们面前时，如何不失时机地识别它们，而不在乎企业的规模大小、历史长短或是所属行业。**“关注核心优势”之类泛泛的原则根本就无济于事，因为它们几乎适用于任何企业，因而也就无针对性可言。而我们需要的是一套具体的标准，帮助我们把那些拥有竞争优势的企业与其他没有竞争优势的企业截然分开。

在《从优秀到卓越》(*Good to Great*) 一书中，作者吉姆·柯林斯 (Jim Collins) 写道：“卓越并不依条件而定。”我对此稍有保留，我认为卓越在很大程度上取决于具体环境，并首先从四大竞争优势中的某一个开始。如果你能识别企业的竞争优势，那么你就可以比多数投资者更迅速地找到绩优股。

寻找投资护城河箴言

护城河是一个企业内在的结构性特征，而铁一样的事实告诉我们：某些企业天生就比其他企业优越。

优质产品、高市场份额、有效执行和完美管理，并不会自发创造出长期竞争优势。拥有它们固然不错，但这还不够。

结构性竞争优势的4个来源是无形资产、客户转换成本、网络效应和成本优势。如果你眼中的一个企业拥有出色的资本回报率以及其中的某一个特征，那么，你很可能已经找到了拥有护城河的企业。

第3章

无形资产

它们看不到，摸不着，但真的价值非凡

The Little Book That Builds Wealth

“

蒂芙尼钻石、奔驰轿车为什么这么贵？
可口可乐涨价1倍你会不会改买百事？
品牌、专利与法定许可会构成竞争优势，
这些无形资产就是经济护城河的第一部分。

”

对竞争优势而言，“无形资产”这个词听起来有点捕风捉影，不过，在某种程度上来说也的确如此。从表面上看，商标权、专利权和法定许可权几乎无共通之处。但作为经济护城河，它们的作用机理在本质上是一样的——让企业在市场上拥有与众不同的地位。任何一个拥有其中之一的企业都是一个微型垄断企业，能从客户身上获取更多的收益。

另外，建立在无形资产上的护城河也许并不像我们想象的那么一目了然。品牌可能会逐渐丧失原有的光环，专利会受到挑战，而许可权则有可能被政府收回。首先来看看商标权。

热门品牌真的就是绩优股？

投资者最常犯的错误就是认为一个知名品牌一定会给其所有者带来竞争优势。实际上，真理就是真理。只有提高消费者购买意愿的品牌，或者能巩固消费者对商品的依赖性的品牌，才能形成经济护城河。毕竟，品牌的创建和维护都需要成本，如果投资不能通过定价权或重复购买等形式创造收益，那么这种品牌就无法创造竞争优势。

所以，在你下一次看到拥有知名品牌的企业，或是企业声称其品牌在特定市场内拥有无与伦比的价值时，首先要问一问：你们能否收取高于同类竞争产品的价格。如果不是这样的话，这种品牌也就不配这样的赞誉。

看看索尼，它的品牌知名度绝对是毋庸置疑的。现在，我们不妨问问自己：如果来对比一下索尼的 DVD 播放机和飞利浦、三星、松下的类似性能机器，你会仅仅因为一台 DVD 播放机贴着索尼的商标而支付更高的价格吗？可能性应该不会很大——至少绝大多数人不会这样做，在购买电子产品的时候，性能和价格比品牌更重要。

现在，我们再对比一下索尼和其他两家产品完全不同的企业——著名的钻石销售商蒂芙尼 (Tiffany & Company) 和建筑材料供应商 USG。这 3 家公司的共同之处在于，他们的产品与竞争对手相比，都没有特别明显的区别。如果取下索尼的商标，他们的产品和其他厂商几乎没有任何两样。如果把蒂芙尼的钻石从蓝盒子里取出，你根本就分不清它到底是“蒂芙尼”的，还是“蓝色尼罗河”(Blue Nile) 或“波仙珠宝”(Borsheims，巴菲特旗下的珠宝店。——译者注）的产品。至于贴着 USG“Sheetrock”商标的预制墙，更是与其他竞争对手的产品毫无二致。

但即使是规格型号完全相同的钻石，蒂芙尼也要收取高很多的价格，这其中最重要的原因是它们装在一个高雅别致的蓝色盒子里。例如，就在创作本书的时候，一颗采用白金支架、精细等级切割加工、纯净度为 VS1 级的 1.08 克拉绿色“蒂芙尼”钻石，可以卖到 1.39 万美元；而采用同等加工工艺和支架且具有相同颜色、纯净度及重量的“蓝色尼罗河”钻石，售价只有 8 948 美元。（这只蓝色盒子的确是太贵了！）USG 的情况就更不可思议了，“蒂芙尼”钻石毕竟属于奢侈品，因此，收取更高的溢价情有可原，但 USG 卖的不过是预制墙，绝对是我们看到的再平常不过的产品。此外，USG 的墙板也和竞争对手的产品没什么两样。那么，我们不妨听听 USG 是怎样描述“Sheetrock”的：

> ……防火石膏芯板，外层包着 100% 可回收自然材质的面纸，背面为 100% 可回收的内衬纸。面纸在长边形成褶皱，用于加强和保护芯板，边缘采用角切，表面经过平滑处理。面板长边成锥角，便于联结加固，并采用 USG 专用的“内表面系统”予以掩盖。

现在，我们再比较一下其他厂商的预制墙产品介绍：

> ……防火石膏芯板，表面为 100% 可回收自然材质的面纸，背面为坚固的内衬纸。面纸在长边形成褶皱，用于加强和保护芯板，边缘采用角切，表面经平滑处理。面板长边成锥角，便于联结加固，并且采用联结合成系统予以掩盖。

两段介绍没有任何区别——几乎可以说一字不差。但“Sheetrock”一般要收取 10% ~ 15% 的溢价，因为 USG 对建筑业来说举足轻重，而且他们的产品也以耐久性和高强度而著称。

如果一个企业仅仅凭借其品牌就能以更高的价格出售同类产品，那么，这个品牌就非常有可能形成一个强大无比的经济护城河。拜耳制药公司 (Bayer) 的阿司匹林就是一个例子。尽管在化学成分上与其他阿司匹林完全相同，但拜耳的价格是普通阿司匹林的 2 倍。

这就是品牌的力量！当然，一种普通商品仅仅因为品牌就变得异常强大，确实是一种极其罕见的情况——大多数品牌的力量还是源于产品品质的不同，比如可口可乐、“奥利奥”饼干或梅赛德斯－奔驰汽车。对这些产品而言，品牌的价值在于它能减少客户的搜索成本，但未必能给企业带来定价权。

换句话说，只要看到一瓶软饮料上贴着“Coke”标志，你就知道它的味道怎样，只要是戴姆勒生产的汽车，你就可以认为这是一部经久耐用的豪华型汽车，但可口可乐并不比百事可乐贵，梅赛德斯－奔驰的价格也不比宝马高。

虽然可口可乐和百事可乐的价钱一样，但它们的口味却不同。奥利奥和“Hydrox”曲奇也是如此。尽管梅赛德斯－奔驰的价格并不比类似汽车高，但它总能让客户相信自己的产品完全配得上这种品牌所传递的优质和耐用的美誉。不过，生产一部更耐用的汽车，肯定要多花点成本。所以，我们很难保证梅赛德斯－奔驰能借助品牌享受成本优势。

品牌价值的变动是一个不进则退的过程，即使对于已经上榜的成熟品牌而言，如果放松对品牌建设的努力，任何突发性事件（如2008年的三聚氰胺事件）都可能瞬间摧毁哪怕是早已成名的品牌。在中国这样的品牌化仍未成熟的市场，品牌的关键在于加速度，而不在于绝对的当前速度，这对于理解品牌与股票投资的关系来说尤其重要。

对以品牌为基础的经济护城河来说，最大的危险在于，品牌一旦失去魅力，企业也就无法再收取溢价了。例如，卡夫（Kraft，引领全球的品牌食品和饮料制造商，旗下现有果珍、麦斯威尔、太平、奥利奥、乐之、趣多多、鬼脸嘟嘟、富丽等知名品牌。——译者注）一直在干酪市场上处于绝对领导地位。但是当一些杂货店纷纷推出自有品牌的产品时，消费者突然意识到，他们还可以按更低的价格买到同样的东西——加工乳酪就是加工乳酪，它不可能有与众不同之处。

归根结底，尽管品牌可以带来长久的竞争优势，但最关键的并不是品牌的受欢迎程度，而是它能否影响消费者的行为。如果消费者仅仅因为品牌就愿意购买或是支付更高的价钱，那么，这就是经济护城河存在的最有力的证明。但很多拥有知名品牌的公司，还不得不为实现盈利而苦苦挣扎。

专利权律师开的可都是好车

如果通过法律手段保护自己的特权，彻底禁止竞争对手销售你的产品，这样不是更好吗？这就是专利权的问题。虽然它可以成为经济护城河最有价值的源泉，但这样的竞争优势，往往不会像你想的那么长远。

首先，专利权是有期限的，一旦到期，只要有利可图，竞争就会接踵而来，这一点毋庸置疑（对此，几乎任何一家大型制药公司都有切肤之痛）。尽管通过法律程序有时也能成功延长产品受专利权的保护时间，但仔细想想，要找到一大群律师帮你打赢这场官司，也不是一件容易的事——除非你本人恰好精通知识产权法。

此外，虽然专利权是不可取消的，但却是可以受到挑战的，专利权带来的利润越大，就会有越多的律师想方设法去攻击它。例如，很多小型广普药品公司会向大型制药公司业务核心的专利权发起挑战。也许只有 1/10 的机会取得成功，但哪怕是这一点点的成功，对他们来说就已经足够了，因为回报太诱人了，不仅足以弥补他们为此付出的代价，还会鼓励他们继续挑战下去。

总之，一定要当心那些把利润建立在少数专利产品基础上的企业，因为一旦他们的专利权受到挑战，就有可能给企业带来严重损失，而且这样的挑战是很难预测的。专利权要形成名副其实的可持续竞争优势，唯一的条件就是企业不仅要拥有历史悠久的创新传统，能够让投资者完全有理由相信它的创新能力，而且要拥有一大批专利产品。以 3M 为例（全称 Minnesota Mining and Manufacturing，明尼苏达矿务及制造业公司，创建于 1902 年，总部设在美国明尼苏达州的圣保罗市，是世界著名的产品多元化跨国企业。——译者注），他们在几百种产品上拥有数千项专利，著名的制药公司默克 (Merck，全美最大医药福利管理公司。——译者注）和礼来公司 (Eli Lilly，一家总部设在美国印第安纳波利斯的全球性制药公司，1876 年由药学家 Eli Lilly 创建。——译者注）也是一样。

多年来，这些公司不断推出新的专利产品，以往的成功足以让市场相信：现有的专利产品注定要被新的专利产品所替代。

品牌的作用在很大程度上近似于专利，因为它们也常常会让人们感到，自己拥有无与伦比的竞争优势。但是，它们也是诠释资本本质最经典的教科书——资本的归宿，就是要寻求更高的回报，也正是出于这个原因，品牌才更容易受到攻击。在晨星，我们通常认为，**只有那些拥有多种多样专利权和创新传统的企业，才拥有护城河。**有些公司把未来完全寄托在某一项专利产品上，他们对未来的预期无比美好，听起来似乎让人热血沸腾，但冷静下来，也许会让你心生疑虑。不过，他们有时确实能如愿以偿。

不要在一棵树上吊死

能创造持久性竞争优势的最后一种无形资产是法定许可，它让竞争对手很难甚至不可能进入你的市场。通常，在企业需要通过审批后才能从事经营的情况下，这种优势才能发挥到极致。不过，它却无法借助经济监管左右产品价格。我们可以比较一下公用事业收费和制药公司的产品定价。在未经批准的情况下，两者都不允许向消费者出售产品（电力或药品），但管制机构可以决定公用事业的收费水平，而美国食品及药物管理局 FDA 却不能对药品价格指手画脚。因此，制药公司的利润让公用事业不胜感慨，不过这也不值得大惊小怪。

简言之，**如果能找到一家企业，它可以像垄断者那样进行定价却不受任何管制，那么，你很可能已经找到了一个拥有宽护城河的城堡。**

债券信用评级机构就是一个典型示例，他们把管制优势放大成一种近乎垄断的地位。在美国，要取得对发行的债券进行信用评级的资格，首先必须获得“美国特许统计评级机构”的认证。因此，任何一个想进入这个市场的潜在竞争对手都知道：要参与这个市场，就必须经过一个冗长的官方审核过程。这样说来，不管债券信用评级机构的利润有多丰厚，都不足为奇。

例如，穆迪公司的“投资者服务”(Investor Services) 业务的利润率居然超过 50%（你看准了，这可不是印错了数字，事实确实如此!），而资本回报率竟然达到了令人难以置信的 150%。即使不做债券信用评级，你也一样能够通过法定审批享受到竞争优势的美妙。看看老虎机行业，它们与债券业务可是相距十万八千里。

你也许会想，政府对老虎机实行严格管制，保证不让赌场利用这些机器占到超过限额以上的任何便宜，让那些唯利是图的小人，无法利用机器肆无忌惮地满足个人私欲。因此，厂商也许要破费一大笔，否则很难获得制造和销售这种老虎机的许可，但如果失去这种许可的话，剩下的恐怕就只有灾难了。业内曾有一家名为 WMS 的小型工业制造商，2001 年由于一次软件故障就被暂时取消许可，这让他们损失惨重，足足用了 3 年时间才恢复元气。

即便如此，过分繁冗的许可管制，还是让美国的老虎机行业始终只有 4 家厂商，多年以来，人们就没有看见过新面孔。你也许会想过，只要老虎机生产业务还有这么高的盈利率，完全可以利用类似 WMS 这样的情况乘机而入，打入市场，但这样的事情从来没有发生过，部分原因就在于严厉的行业管制。

提供高等教育学位的企业，如斯特雷尔教育集团 (Strayer Education) 或阿波罗集团 (Apollo Group) 也需要经过法定许可，亦称"认证"。美国的认证是多层次的，但是要得到最有价值的认证——可以让学生把学分轻易转到公立大学，却难于上青天。

拥有认证本身就是一种巨大的竞争优势，因为获得认证的学校提供的学位肯定比没有获得认证的学校的学位值钱得多。此外，只有获得认证的学校才能接受联邦政府提供的助学贷款，因此，对大多数非主流教育机构来说，这些特权都是巨大的收入源泉，而潜在的竞争对手也只能望其项背。从根本上说，在这个利润丰厚的行业里，如果没有得到认证，根本就谈不上与现有机构展开竞争，而认证的授予方却只有政府管制机构，这事实上就形成了一种垄断。

穆迪信用评级公司、老虎机制造行业以及营利性教育机构，都是借助于单一许可或批准而形成持续性竞争优势的例子。但这种护城河未必依赖于某一项重大许可，某些情况下，一系列小规模但难以获得的许可，也能挖出一条同样宽的护城河。

在这个问题上，我最喜欢的例子就是被我称之为“NIMBY”的公司(Not In My Backyard，意为“只要别发生在我家后院”，引申为我们认为正确，但出于个人利益却不愿去做的事。——译者注)，比如说垃圾场和采石场。有谁希望在自己家附近建一座垃圾场或采石场呢？肯定不会有人愿意，这就意味着，现有垃圾场和采石场，本身的价值就很宝贵。因为得到新建垃圾场或采石场的审批近乎不可能。

垃圾和砂砾，这听起来的确不够刺激，但这种貌不惊人的审批许可，却能造就出一条持续恒久的护城河。垃圾搬运和采石之类的企业要获得许可，需要经过几百家市政机构的审查，而它们又不可能像其他单一许可那样，在一夜之间全部变成废纸。

品牌并不是天然的护城河，只有那些能够提高消费欲望并且能巩固消费者对品牌依赖的商标权，才能形成护城河。比如康佳、长虹、海信等彩电虽然是知名品牌，但它们都没有护城河。有护城河的商品不在乎是不是大品牌，只要具有下面的特点就能够形成护城河：1. 具有定价能力的品牌，2. 具有提高消费欲望的品牌，3. 在可重复消费商品中的优先选择的品牌。

对于废品管理公司(Waste Management)和沃尔肯材料公司这样的公司来说，地方管理机构批准的垃圾和采石许可之所以能给他们带来价值，是因为垃圾和采石业务本身就属于地方性业务。谁也不能在把垃圾搬运到几百英里外之后还能赚到钱，也不可能用卡车把石料从四五十英里外的采石场运到市场后，一点也不涨价(垃圾本身就很重，石料就更重了)。因此，拥有地方许可的垃圾场和采石场，在行业里创造出一重重的微型护城河。

我们再对比一下垃圾、石料和另一个拥有强大 NIMBY 特征的行业——炼油业。几十年以来，尽管美国没有新建一家炼油厂，而且地方政府对现有炼油厂的扩建审批也异常严格，但整个行业的状况远不及垃圾场或采石场。原因很简单：精炼汽油拥有更高的价值重量比 (value to weight ratio)，而且可以通过输油管实现廉价输送。

因此，如果一家炼油厂试图在某一地区的市场上提高油价，其他地区的炼油厂马上就会把汽油源源不断地输送到该地区——只要有钱赚就行。由此可见，虽然在汽油定价中存在地区性差异，但就总体情况而言，大多数炼油厂的资本回报率也只能勉强达到 10%，最多也就是 10% 多一点，而采石和垃圾处理行业就不同了，多年以来，他们一直稳定保持着近 20% 的资本回报率。

无比坚固的护城河

尽管无形资产看不见摸不着（我也不能从货架上取下品牌或专利权给你看），但它们绝对是最有价值的竞争优势来源。**在评价无形资产时，最关键的因素，还是看它们到底能给企业创造多少价值，以及它们能持续多久。**一个不能带来定价权或促进客户购买力的知名品牌，不管人们对它有多熟悉，都不具有竞争优势。而不能创造高资本回报率的法定许可，比如说炼油厂，也并非那样具有价值。另外，一个脆弱无比、经不起任何挑战的专利组合，无论是因为缺乏多样性，还是缺少后续的创新，都不可能为企业构筑起坚固的护城河。

但是，如果你找到了一个能带来定价权的品牌，一个限制竞争的法定许可，或是拥有一整套多样化专利权和悠久创新历史的企业，那么，你就找到了拥有经济护城河的企业了。

寻找投资护城河箴言

受欢迎的品牌未必总是赚钱的品牌。如果一个品牌不能吸引消费者多掏钱，它就不可能创造竞争优势。

虽然拥有专利权是一件美妙的事，但专利律师决不是省油的灯。法律上的挑战是专利护城河最大的威胁。

管制可以限制竞争，如果政府愿意出面保护你，这难道不是好事吗？最坚固的法定许可构筑起来的护城河，源于一大批看似不起眼的法规，而不是一项朝不保夕、说变就变的重大法规。

第4章

转换成本

赖着不走的客户不是麻烦，而是你的黄金客户

“

选择不同品牌的牙膏易如反掌，
但更换银行账户却是一件麻烦且痛苦的事，
彻底更换企业数据库和财务软件更是如此。
用户巨大的转换成本，就是绩优公司的护城河。

”

你上次更换开户银行是什么时候？除非你刚刚换了开户行，否则，我敢打赌你的回答肯定是："有一段时间了。"不过，在这个问题上，你并不特殊，有很多人都喜欢"赖"在一家银行。如果问问银行人士，你就会发现，存款的平均更换率只有 15%，这就是说，每个客户在一家银行的平均存款时间是 6 ～ 7 年。

说到这，你也许会问：有这么长时间吗？归根结底，货币也是一种商品，而银行账户在性能上又没有什么太大的不同。那么，作为商品，要寻找更高的利率和更低的手续费，人们为什么不频繁更换开户行呢？人们宁愿多开几英里的路去加油，就是为了能买到每加仑便宜 5 美分的汽油，最后一趟跑下来也只能省下 1 ～ 2 美元而已。但银行账户的利息和手续费却不是用分来计算的，随随便便就能比跑到偏僻加油站省下的那点油钱多得多。原因何在？

当然，答案很简单。跑到稍远一点的加油站去加油的转换成本，不过是额外花掉的几分钟时间，仅此而已。此外你也非常清楚：这是唯一需要多花的成本，因为汽油就是汽油，没有别的奥妙。但转换银行账户就不是这么简单了，不仅需要你到新开户行填写一大堆表格，还可能要调整现有的各种直接存款或是实行不同的转账程序。

因此，已知成本就不止几分钟了。关键是随时可能出现未知成本。比如，一旦在向新银行转账时发生延误或偏差，你的工资就不一定会“跑”到那里，或是不能按时交纳电费。

我现在敢说，你肯定明白为什么说银行就是印钞机的原因了。在美国，银行业的平均资产收益率约为 15%，这样的利润率显然让其他行业都望尘莫及。尽管这背后的缘故多种多样，但最重要的原因在于：只要更换开户行，客户就要承担一大笔转换成本。简单地说，转移银行账户是一种刻骨铭心的痛苦，因此，没有人会经常做这件事。银行当然也知道。于是，银行就会挖空心思地利用客户不愿离开的心理，为了再下调一点利率或是再多收一点手续费而绞尽脑汁。如果更换开户行也像从一家加油站跑到另一家加油站那么容易的话，银行也就不可能打这点小主意了。

如何让客户死心塌地跟着你？

我们可以看到，转换成本同样是一种非常有价值的竞争优势，因为只要客户不会跑到竞争对手那里，企业就可以从客户身上多榨出一点油水。**客户从 A 公司产品转向 B 公司产品省下的钱，低于进行转换发生的花费，它们的差额就是转换成本。**

除非是亲自享用一种产品，如银行账户，否则，受益于转换成本的企业就很难意识到它的存在，因为只有他们自己从客户的角度去看，才可能真正意识到成本与收益间的差异。同样，和其他任何竞争优势一样，转换成本也会随时间的推移而强化或弱化。

我们可以从一家非常熟悉的软件公司入手，它就是制作 QuickBooks（财务软件）和 TurboTax（纳税软件）的 Intuit 公司。

Intuit 公司的资本回报率连续 8 年超过 30%，它的 2 个旗舰产品更是以其强大的竞争力独霸 75% 以上的市场份额，在此期间，他们屡次挫败竞争对手并收购其核心连锁店的企业，其中不乏微软这样的巨无霸。和上面提到的银行一样，从表面上看，这似乎有点令人吃惊。软件技术瞬息万变，因此，仅仅依赖软件本身的高性能，似乎还不足以把对手拒之门外，而且在和竞争对手的较量问题上，微软好像从来没有心慈手软过。这其中的奥秘就在于转换成本。

易于操作和通过一系列软件版本来适用不同客户等战略性决策，确实让 Intuit 公司受益匪浅，但它们之所以能在 2 个主要产品上保持巨大的市场份额，最根本的原因在于一旦改换门庭，QuickBooks 和 TurboTax 的用户就要承受巨大的转换成本。

如果你经营的是一家小企业，并且已经把公司的全部数据输入到 QuickBooks 中，那么，仅仅是把这些数据转移到另一个软件中，就要耗费大量的时间。这些时间的价值是不可忽略的，尤其是对一个身兼数职的小公司业主更是如此。纵然其他软件具有数据输入功能，客户也得耐心校对一番，因为信息就是主掌小企业财务状况的生命线。因此，时间成本不可忽视。

在转换银行开户行的时候，你会担心自己的账户是否被弄乱，同样，当小企业的老板把数据从 QuickBooks 导入其他软件时，会冒着丢失重要财务数据或是在转移过程中出现归档错误的危险。如果你不能忍受账户出错而导致的未能及时支付煤气费，那么不妨想象一下：如果因为记账程序没有把发票传给客户，而导致小老板手头上没有给雇员发工资的现金，会是怎样一种情形呢？

那么，转换收益又当如何解释呢？也许竞争对手的会计软件确实很便宜，或是拥有某些 QuickBook 不具备的功能。但今天的会计基本原理毕竟已经有 500 年的历史，因此，任何一种新财务软件都不可能给这些小企业的记账方法带来革命性变更。权衡利弊，我们很难发现转换收益能超过转换成本。而这正是 Intuit 公司能够在市场上纵横多年的缘故，我们可以相信，它完全有可能持续自己的统治。

厂家增加代理商转换成本，可以根据销量的增加提高对客户的折扣和奖励，增进私人感情；针对消费者的措施主要有品牌宣传，促进客户的信任，强化顾客对风险的感知。比如佳洁士就成功地通过宣传不含氟牙膏的风险（产生蛀牙），提高顾客对替代性产品的风险认知，减少顾客的转换行为。

Intuit 公司的 TurboTax 软件给我们讲述了同样的故事，唯一不同的是：据说，由于软件中个人数据较少，而且免税代码 (tax code，指雇员收入免税部分的数字代码，其决定了收入中的免税额度，由税务机关编定。——译者注) 每年的变动也不大，这就使得它的转换成本稍低一点，从而减少了潜在竞争对手进入市场的障碍。但任何一种有竞争力的产品，首先应该易于使用、价格便宜或是功能齐全，只有这样，才能说服对学习新纳税申报程序感到头疼的用户购买。大多数人都不喜欢自己去做纳税申报，既然如此，为何还要浪费时间去学什么新纳税申报程序呢？

竞争优势必须具备不可替代性

Intuit 公司是一个说明多种转换成本并存的经典案例，你也许会认为，这是一个靠全面渗入客户业务内部而受益的企业。小企业与

QuickBooks 难舍难分，是因为 QuickBooks 已经成为它们日常业务中不可缺少的一部分，摆脱 QuickBooks，从新启用一种全新的财务软件，不仅需要付出成本，还可能带来风险。

这也许是最常见的转换成本，各种各样的企业都会出现这种情况。以甲骨文软件公司为例，作为软件业的巨头，很多大公司都在使用他们的大型数据库进行数据存储和恢复。由于原始状态的数据基本没有使用价值，因此，甲骨文的数据库通常需要与其他分析、报告和操作原始数据的软件绑定后共用。想想你刚刚在线购买的商品——这件商品的原始数据也许就被存储在甲骨文的数据库里，但其他程序却可以对这些数据进行整合，显示出你购买这件物品的网页。

因此，如果一家公司想把甲骨文的数据库转换为其竞争对手出售的另一种数据库，那么，它不仅要把全部数据无差错地从旧数据库转移到新数据库，还要将新数据库的各种程序重新进行绑定。毫无疑问，这是一个既费钱又耗时的工作，更不用说隐藏的风险——转换也许会出问题，给经营造成不可弥补的巨大损失。所以，如果要让一家公司花费巨大的代价放弃甲骨文的数据库，转而安装其他数据库，后者就必须在性能上做到高人一筹（或是更便宜）。

生产数据处理和安全监护软件的公司与甲骨文的情况如出一辙。Fiserv 公司和道富集团 (State Street Corporation) 主要生产银行和基金经理进行后台数据处理的软件，这些软件需要大量的数据处理和记录，以保证银行和资产管理公司的运行顺畅，这就要求他们必须与客户业务实现紧密对接。连续稳定的合作，使他们的年收入也表现出同样的特征。所以，他们自诩每年能保留 95% 以上的老客户，也就不值得大惊小怪了，从本质上看，他们的相当一部分收入都具有年金（在相等的间隔期，连续地分批支付或收入金额相等的款项。——译者注）性质。

现在，我们再来想象一下：如果银行财务系统的夜间结算出现余额不平现象，或是大型资产管理公司的客户在收到报表时，发现资产报价不正确，那种混乱和惊慌有多么大。

再加上后台处理程序故障给客户带来的不悦，在这种情况下，转换成本的风险可能要超过任何金钱或时间上的考虑。对于这些生产数据处理软件的公司来说，最大的挑战并不是短期盈利，而是扩大销售，因为所有客户都不愿意放弃现有的财产监护人或数据处理器。

当然，这种类型的竞争优势并不仅限于服务企业和软件公司。例如，有一家名为“精细铸件”(Precision Castparts) 的小型航空机械制造公司，他们生产的高科技超强金属配件，专门用于飞机发动机和发电厂涡轮机。首先，我们闭上眼睛想想用户对产品故障的承受力到底有多大。在发电厂，蒸汽涡轮机的重量可能要超过 200 吨，每分钟的转速达到 3 000 转——如果涡轮机的叶片折断，后果会怎样呢？当然，喷气式飞机从 3 万英尺的高空跌下来……后果就更不用说了。

因此，精细铸件公司和一些客户的合作超过 30 年应该不是什么难理解的事，实际上，他们的工程师经常和客户一起工作，比如参与通用电气的新产品设计。我们不妨分析一下成本收益问题。如果精细铸件公司始终保持其质量标准的话，通用电气改换新供应商的唯一收益，可能就是供应成本。这样，在其他供应商替换精细铸件公司之后，通用电气就可以用更低的成本制造涡轮机和飞机发动机，这就可以获取更大的利润空间。

那么，成本又如何呢？直接成本不可忽视——新供应商首先需要花点时间了解通用电气的产品，而精细铸件公司却不需要，但在这个例子中，最真实的成本就是风险。涡轮机或飞机发动机的允许故障率极为有限，因此，以提高故障风险为代价来换取成本节约，对通用电气显然是说不过去的。对于像通用电气这样的国际知名企业，任何一个金属部件的故障都足以让他们名声扫地——因为最终受损的，是他们的未来市场。

根据如上分析，精细铸件公司之所以能凭借自己的零部件就享受到如此可观的利润，在一定程度上可以归结于要想通过转换供应商来节约成本，通用电气首先要找到一个与精细铸件公司同样可靠的供应商（公司在成本控制方面也非常出色）。这种通过长期向客户供应高质量部件而形成的转换成本，就是精细铸件公司的竞争优势来源。

转换成本无处不在

在转换成本这个问题上，它们最突出的特征就是存在于每个行业。不妨回到软件行业，Adobe（一家总部位于美国加利福尼亚州圣何塞的电脑软件公司，公司由乔恩·沃诺克和查理斯·格什克创建于 1982 年 12 月。——译者注）的护城河也是建立在转换成本的基础上。他们的 Photoshop 和 Illustrator 软件已经被广泛使用，下至初学者，上至设计师，无不对其称道；另外，这些软件非常复杂，这就让客户更换软件时不得不重新进行大量培训。另一家软件公司——Autodesk（世界领先的设计和数字内部创建资源提供商。公司提供软件和 Internet 门户服务，向工程和设计领域及电影、广播和多媒体领域提供服务。——译者注）也一样：他们生产的 AutoCAD 数字设计软件，可用于从桥梁到建筑物等各种结构的设计。大多数设计师在大学里就开始学习 AutoCAD，他们的未来雇主当然也不希望因教他们学习新软件而影响生产效率。

再回到金融服务业。**资产管理公司的转换成本与银行有异曲同工之处。**流进共同基金或资产管理公司账户内的资金往往会长期不动——我们称之为“黏性资产”(sticky asset，也称“跟随性资产”)，这些资金可以连续多年为客户创造收益。例如，在共同基金频繁爆发择时交易丑闻期间，某些基金公司被曝涉嫌违法，虽然官司和投资者赎回资金给基金公司带来一些损失，但大多数留下来的资金还是取得了固定收益。

尽管共同基金账户在不同公司之间转移所带来的直接成本，低于银行账户的直接转移成本，但大多数人还是认为，收益是不确定的。他们必须说服自己：不熟悉的新基金经理会比目前的基金经理更出色，而这又无异于承认：他们最初选择基金经理时犯了错。这样在心理上更让他们难以接受，因而，他们更倾向于让自己的资产保持不动。从表面上看，转换成本也许并不大，但转换的收益却异常不确定，这就使得多数人会选择阻力最小的路径，而原地不动的阻力当然再小不过了。

在能源行业，丙烷配送业务的转换成本就非常高。在美国很多乡村地区，天然气的来源并不依赖于分配管网，而是从住宅附近丙烷池获取取暖和烹饪用气。一般而言，这些池子并不属于客户，而是由供应丙烷的公司以租借形式提供。因此，如果另一家丙烷分销商的价格更优惠，客户取消当前供应商的服务，当前供应商就必须与新供应商互换丙烷池，这显然不是一件很容易的事。

此外，在客户转换丙烷池时，现有供应商通常还要收取一笔手续费，不用说，人们肯定不会频繁变换丙烷池。这就让分销商拥有相当程度的定价权，整个行业的高资本回报率就是最佳证明。

在医疗卫生领域，生产实验室设备的企业通常会从转换成本中获益。例如，沃特斯 (Waters) 公司生产的高档精密仪器主要用于液体色谱分析 (LC)，将混合物分解为化学元素后进行净化和质量控制。比如说，可以用 LC 机器检测污染物或油液中的杂质。如果一家公司想改变 LC 设备的供应商，不仅需要支付新 LC 设备的成本，通常在 5 万～10 万美元之间，还需要重新对实验室技师使用新设备进行培训，而这不仅会浪费时间，还会降低效率。此外，LC 还要大量使用沃特斯公司提供的易耗品，而这种易耗品的利润也极为丰厚。由此，我们可以看到，这些转换成本如何为沃特斯公司创造出超过 30% 的资本回报率。

低转换成本能否构建护城河？

你也许会注意到，我一直没有提到消费品企业，比如零售业、餐饮业以及包装商品类企业等。这是因为，低转换成本恰恰是此类企业的主要缺陷。你可以随便从一家服装店走到另一家，或是在杂货店里选择不同品牌的牙膏，这几乎不费吹灰之力。所以，**零售商和餐馆很难为他们的业务设置护城河。**尽管沃尔玛和家得宝公司 (Home Depot，全球最大的家具建材零售商。——译者注）等大公司可以通过规模经济建立自己的护城河，寇兹 (Coach，纽约著名时尚品牌，主要是皮革制品。——译者注）可以借助于强大的品牌建立护城河，但总体而言，消费类公司的转换成本均较低。

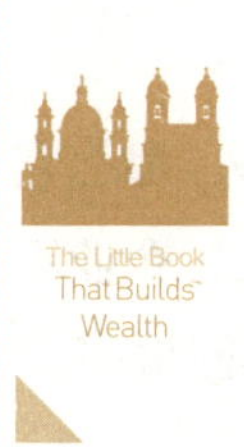

占苹果销售总量2/3的iPhone和iPad未来会像Mac（一体机）那样永葆活力，还是像iPod那样变得平凡？苹果虽然没有失去iPod顾客，但却把他们升级到价格更高的iPhone手机。不过谁不能保证这种升级方式可以重复。Mac长青不老的秘诀在于提高转换成本，用户习惯和钟情于某款操作系统，因而进行更换的代价就比较高。

识别转换成本并不容易，因为它要求我们深入理解客户的体验。如果你不是客户，就很难识别转换成本了。经济护城河可能很强大，而且很持久，如此说来，多花点工夫去搜寻也是值得的。我希望本章里的这些例子能够让读者有所收获。

竞争优势的第3个来源将是下一章的主题。尽管有人认为，网络效应也应该属于转换成本，但我想，这种与众不同、潜能无限的经济护城河还是值得我们单独体味的。

寻找投资护城河箴言

如果企业能让客户不选择竞争对手的产品或服务，那么它就拥有自己的转换成本。如果客户无法实现转换，企业不仅可以收取更高的价格，而且有利于维持高资本回报率。

转换成本是多种方式的，比如与客户业务的结合、财务成本和重新培训时间成本等。

你的开户行就是转换成本的最大受益者。

第 5 章

网络效应

效果极为显著，所以另辟一章

“

风险投资者交给职业经理人一大笔钱，
让他想办法打败 eBay。
对方仔细想了一会后回答：“我宁愿把钱还给你。”
巨大的网络效应，使 eBay、微软 Windows、
美国运通卡越来越强。

”

我一直对那些熟人遍天下的人钦佩不已。你或许也认识这样的人——他们能和遇见的每个人都扯上话题，而且总能聊得热火朝天。这些人拥有一个巨大的社会关系网，能让他们成为最受欢迎的人，因为他们认识的人越多，能达成互惠关系的资源也就越广泛。随着他们的关系网不断扩大，他们的社会价值也在不断增加。

企业也一样可以受益于这种网络效应；也就是说，随着用户人数的增加，他们的产品或服务的价值也在提高。尽管这听起来似乎再简单不过了，实际上却极不寻常。不妨想想你最钟爱的餐馆。它们的吸引力在于以合理价位为你提供可口的餐饮。至于餐馆是拥挤不堪，还是空荡冷清，对你来说根本就不重要，也许你喜欢它的理由就是它的清静。而服务价值与有多少人就餐几乎毫不相干。

现在，我们再来看看一些国际知名大企业，比如说道琼斯工业平均指数的成分股企业（我在表 5.1 中归纳了道琼斯指数中的一些成分股）。埃克森美孚公司如何？这是一个绝对让人眼红的公司，他们出售能源产品赚的钱要比找到这些产品花费的成本多得多。很多客户对埃克森美孚赞赏有加，不过，在选择加油站时，恐怕你不会想到这些。花旗银行呢？任何企业都不会因为其他企业使用花旗银行的服务而选择花旗银行，而是因为花旗银行的贷款利率更吸引人。还有沃尔玛也一样。尽管这家零售巨头的低成本部分源于他们的规模效应，但人们也不是因为其他人到沃尔玛购物就选择了沃尔玛，而是因为这里的价格更便宜。

继续以道琼斯成分股为例，我们再看看美国运通 (American

表 5.1 道琼斯工业平均指数的成分股企业

公司名称	所属行业	股票代码
IBM	计算机设备	IBM
波　音	航空与国防	BA
3M	多种制造	MMM
埃克森美孚	石油天然气	XOM
联合技术公司	工业制造	UTX
卡特彼勒	工程建筑设备	CAT
宝　洁	日用消费品	PG
奥驰亚集团	烟　草	MO
美国国际集团	保　险	AIG
强　生	制　药	JNJ
霍尼韦尔	多样化经营	HON
美国运通公司	信用卡	AXP
可口可乐	饮料生产	KO
麦当劳	餐　饮	MCD
默　克	制　药	MRK
惠　普	计算机设备	HPQ
杜　邦	化　工	DD
花旗集团	国际化银行业务	C
JP 摩根	国际化银行业务	JPM
Verizon 通讯	电信服务业	VZ
沃尔玛	超市连锁店	WMT
AT&T	电信服务业	T

（续表）

公司名称	所属行业	股票代码
通用电气	工业制造	GE
美　铝	制　铝	AA
通用汽车	汽车制造	GM
沃尔特·迪士尼	媒体综合业务	DIS
家得宝	家具建材零售	HD
微　软	软　件	MSFT
英特尔	半导体	INTC
辉　瑞	制　药	PFE

Express，全球最大的独立信用卡公司。——译者注)。现在，我们终于摸着点门道了。运通卡(Amex，美国运通发行的信用卡。——译者注)奉献给用户的超值回报，就是他们的竞争法宝，但假如无数花钱的地方都不接受运通卡，那么，即便运通卡提供 3 倍的回报也不会有几个用户。

正是这个巨大的商业网络，形成了美国运通的竞争优势，让其他竞争对手难以进入这个市场。能够使用运通卡的地点越多，它们对用户的价值也就越高，这也是促使公司开始向便利店和加油站等小型零售点推广运通卡的首要原因。

我们再来看看美国目前几个大型信用卡网络。前 4 家分别是：Visa、万事达 (MasterCard)、美国运通和发现卡 (Discover)，它们占据了全美信用卡消费额的 85%。这么大的市场集中度是极为罕见的现象，它体现了网络效应成为强大竞争优势的根本原因：**建立在网络基础上的企业，更易于形成自然垄断和寡头垄断。**经济学家布莱恩·亚瑟 (Brian Arthur) 对此的概括言简意赅：“因为网络本身就是稀缺之物。”

这其中蕴意无限。**如果一种商品或服务的价值随使用者的增加而提高，那么，最有价值的网络型产品，就应该是能吸引到最多用户的产品。**它创造了一个有效的循环，在不断挤出小型网络的同时，扩大主导型网络的规模。随着规模逐渐膨胀，这个主导型网络的实力也越来越强大。这难道不是一种威力无比的竞争优势吗？

当然，由于网络的天性就是以主导者为核心实现扩张，因此，网络效应的绝对本质意味着，不可能同时存在众多的受益者。我们不妨以简单的方式验证一下这个理论，以道琼斯工业平均指数中的企业为例，看看网络效应的受益者到底是哪些公司。

事实表明：只有 2 家公司的竞争优势主要来自网络效应，它们是美国运通和微软公司。我们已经讨论过美国运通的护城河，不过，网络效应给微软带来的好处似乎更容易理解。很多人都在使用微软开发的 Office 和 Windows，原因何在呢？很简单，就是因为其他人也在使用。

不可否认的是，Windows 已经达到了 PC 操作系统的最高境界，但其无比庞大的用户群则意味着，要在当代美国的企业界混下去，你必须要学会使用 Windows，Word 和 Excel 也一样。即便竞争对手在下个星期就能拿出价格只有一半、便捷程度高 5 倍的文字处理软件或表格软件，但要赢得市场，恐怕就难上加难了，因为 Word 和 Excel 早已成为全球用户的通用语言。

事实上，很多年以前，Office 就已经有一家名为“OpenOffice”的竞争对手，其产品售价远远低于 Word 和 Excel——实际上相当于免费使用，这样的价格应该说找不到对手。它们的文字处理和表格程序基本与 Word 和 Excel 相同，而且所有文件基本与微软的同类型文件相互兼容。我本人也试过 OpenOffice，感觉的确不错。但它却始终没有在主流市场中取得相应的份额，原因就是因为在其他人使用微软办公软件的情况下，人们当然不想使用一种无法与他人实现文件共享的程序。

既然连这样一种在功能和价格上具有如此优势的产品都不能撼动微软的市场份额，我认为你完全可以相信它是一个拥有强大竞争优势的企业。

只要快速浏览一下道琼斯成分股，我们就会发现另一个有趣的现象：美国运通和微软都处于相对较新的行业。信用卡的普及也只不过仅有几十年的历史，而PC行业的历史就更短了。看看这些以网络为基础的行业，你就会发现，这绝非偶然：和以有形资本为基础的行业相比，网络效应在信息类或知识转移型行业中更为常见。

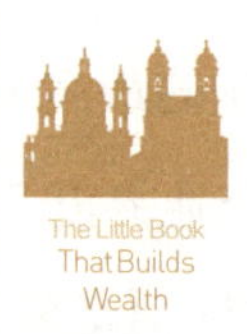

小米是目前最懂互联网的手机企业，也是最懂互联网营销的手机企业，这样说一点也不为过。网络资源强大如阿里、360等也都曾试图进入手机领域，但显然取得的成绩和小米差距极大。小米利用互联网的平台也在成就着这种网络效应，尤其是其标榜并运作的发烧友DIY的MIUI。所以，从此点上来说，这成为小米的一个护城河。

之所以会出现这种情况，原因就在于信息是经济学家所说的非排他性商品。大多数商品在某一时刻只能由一个人使用。如果我从卡特彼勒(Caterpillar，一家工程机械、发动机及燃气轮机等工业产品的制造商。——译者注)购买一台推土机，那么，在我用这台推土机挖地基的时候，其他任何人都不能使用(这种物品称为排他性商品)。但我却可以和几百名持卡人同时使用美国运通的支付网络，同时，这些持卡人也可以通过纽约证券交易所 (NYSE) 查询美国运通的股价。一个人使用美国运通的支付网络或 NYSE，并不妨碍其他人的使用。实际上，使用这些网络的人越多，它们的价值也就越大。

归根结底，相比于排他性（有形）商品，我们更有可能在信息共享型或用户集成型行业中找到网络效应的影子。我们随后将会看到，这并不是什么特例，而是经验所致。

到此为止，我想你已经对网络效应何以成为如此强大的竞争优势有所感悟：**在用户发现新网络的价值并摆脱现有网络之前，竞争对手首先要复制出这样一个网络，或者至少让自己的网络接近于这个网络。**不过，这显然不是一件可以轻而易举做到的事情。它需要恰到好处的环境和背景（我们将在下文讨论金融交易所），但基于网络的业务大多具有持久性。要理解其中的原因，我们不妨看看一个经历尚不到 10 年但深刻体现网络效应精髓的新兴企业——eBay。

网络的力量

eBay 对美国在线拍卖市场的统治，就如同安塞尔·亚当斯 (Ansel Adams，美国摄影大师）拍摄美国国家公园的地位一样牢不可撼。即使是“统治”这个词，似乎也不足以说明 eBay 的地位。到创作本书时为止，eBay 在美国在线拍卖流量中的份额至少已达到 85%。考虑到 eBay 访问者的单笔交易额更大，而且比其他同类网站的访问者更有可能实施购物，因此，eBay 在交易额中享有的份额很有可能远远超过 85%。原因很简单，就是我们在前面提到的网络效应：买家到 eBay 购物，是因为那里有卖家，而卖家到 eBay 买货，是因为那里有买家。

即便你能在明天就开办一家网站，而且费用也只相当于 eBay 的一小部分，却不太可能得到这么大的流量——因为你没有买家，也没有卖家，这就足以让你头疼了。在这个新网站上，第一批勇敢的买家根本就享受不到 eBay 提供的服务，比如对货物的反馈，告诉他们可以信赖哪些使用者而实现交易，也无法保证他们能获得最优惠的价格，没有机会得到其他用户提供的建议（在一次晨星公司招聘分析师职务时，我曾问一名应聘者，如果我是风险投资者，交给他一大笔资金，他有何办法打败 eBay。对方想了一会回答："我宁愿把钱还给你。"——非常精彩的回答）。

但是，eBay 在某些市场上也并非一帆风顺，简单剖析一下出现这种情况的原因，也许可以帮助我们更多地了解网络效应。在日本，人们甚至从来就不知道 eBay 的存在。在这里，绝大多数在线拍卖交易都是在"日本雅虎"上完成的。原因似乎比你想象的简单得多：日本雅虎登陆日本市场的时间比 eBay 早 5 个月，就是这短短的 5 个月，很快就让日本雅虎为自己找到了众多买家和卖家。此外，日本雅虎的先见之明，还体现在他们大量的广告和开张时的免费使用，两者让他们迅速招揽到最关键的第一批客户。到 eBay 登陆日本的市场时，日本雅虎已经确立了胜局，而手段就是 eBay 统治美国市场时所使用的网络效应。eBay 在抵抗了几年之后，终于认识到败局已定。于是他们卷起铺盖，彻底退出日本市场。

eBay 为何被淘宝打败？

如果说 eBay 在美国和日本的经历，从两个极端反映了先来后到在网络经济学中的作用，那么，它在中国的遭遇则说明仅仅做到先行一步还不够，即使是建立在网络效应基础之上的护城河，也会在客观现实面前轰然倒塌。几年前，eBay 在中国创建了最大的在线拍卖网站，并一举占据了总流量的 90%。但一家本土竞争对手（淘宝网）浮出水面，他们不仅取消了网上开店费，还推出很多针对中国市场量身定做的业务。eBay 的市场份额直线下降，最终不得不拱手让出市场。

其中最深刻的教训是：在快速成长的市场上，消费者的偏好仍以新型服务为中心——这个案例则是在线拍卖。因此，网络效应很有可能会成为对手攻击的牺牲品。当然，eBay 对竞争威胁的反应过于缓慢，也是促成其失败的根源之一；此外，在这个例子中，eBay 的竞争对手是一家中国公司，作为本地企业的楷模，他们拥有一定的优势。

相对eBay易趣的全球化优势，淘宝则在服务的本土化上下足功夫。方便买卖双方沟通的即时通讯工具淘宝旺旺就是最典型的例子。跟美国相比，中国的很多买家在网上不敢买东西或者想买却不知道怎么买，此时买卖双方之间的及时沟通就显得意义重大。

我们对 eBay 的讨论已经够多了。现在，我们再来看看其他几个网络效应的例子。

下面的例子与 eBay 非常相似，只不过它们是针对各种有形商品的在线交易平台，比如金融市场的纳斯达克、纽约证券交易所和芝加哥商品交易所。尽管金融交易所受益于网络效应的原理与 eBay 大同小异，但正是这几点最关键的差异，才让网络经济学在这里发挥得更加淋漓尽致。

对金融交易所来说，网络效应的作用机制非常简单：随着越来越多的买家和卖家聚集到交易所，参与者就能越来越容易地按既定价格实现资产交易。按照金融界的术语，买卖人数的增加会带来流动性的提高。这种流动性应该有一定的宽度，即参与者交易的资产种类多种多样；还应该具有一定的深度，参与者可以进行大宗交易，而不至于影响市场总体报价。

这听起来似乎是不错的买卖。**先发挥网络效应的魔力，创造一个既有广度又有深度的流动性蓄水池，然后，就可以看着利润滚滚而来。**对于像芝加哥商品交易所和纽约商品交易所之类的期货交易所来说，这样的说法并不为过，因为网络带来的流动性确实给他们创造了一条利润可观的护城河。遗憾的是，现实中的故事要比这复杂一点，因为从事股票交易的交易所，比如纳斯达克和纽约证券交易所，尽管也拥有很深的流动性蓄水池，但它们的竞争优势却虚弱得多。

实际上，在最近几年里，随着竞争的加剧，这些股票交易所的资本回报率正在逐年下滑，而期货交易所则依然维持稳健的回报率。原因在于，每个期货交易所的期货合约都各有不同，如果你在纽约商品交易所或芝加哥商品交易所购买了期货合约，就必须在这里卖出（这样做的原因很复杂，建议你还是相信我的说法）。由于期货交易所可以对每笔交易施加更多的控制，因而它们可以从交易者身上盘剥到一大笔钱。

但股票却可以在很多交易所进行交易，这就招致了更激烈的价格竞争。一名专业投资人可以在纽约证券交易所购买 1 000 股 IBM 股票，但他完全可以在其他五六家证券交易所里抛出这些股票，只要这家证券交易所提供的报价更划算。由于 IBM 股票的流动性蓄水池并不局限于某一家证券交易所，因此，这些证券交易所都不可能像期货交易所那样独享网络效应带来的美食。

这告诉我们：**如果一家公司要想从网络效应中获益，就必须营造出一个封闭的网络。**一旦这个本应封闭的网络被打开，网络效应便会四处飞溅。所以，在评价一个企业是否能受益于网络经济时，最好先问一问：这个网络是否会向其他参与者张开双臂？

如果从交易所引申到其他行业，我们还可以看到，网络效应同样存在于其他诸多领域中。从事资金汇划业务的"西联汇款"(Western Union，世界最著名的特快汇款公司。——译者注）公司就是一个绝佳的示例，企业网络对公司用户的价值体现在：尽管他们的网络只相当于最接近于自己的竞争对手的 3 倍，但西联汇款却能实现 5 倍于竞争对手的交易量。换句话说，西联汇款在每个地点都能实现更高的平均业务量，原因在于通过他们用户可以把资金送到西联汇款的竞争对手无法到达的地点。

这就是网络型业务的普遍性效应：扩大网络规模带来的收益并非是线性的，也就是说，网络规模扩大带来的经济价值增长率要大于其绝对规模的增长率。通过表 5.2 和图 5.1，我们可以进一步理解这个问题。表 5.2 和图 5.1 体现了网络节点数（代表西联汇款的经营地点数量）与节点间连接数之间的关系。

让人难以置信的是，我们会清晰地看到：随着节点数量的增加，连接数增加得更快。从实际意义上看，它们所带来的经济利益是非常诱人的。如果一个以网络为基础的企业，通过增加 50% 的投资，把节点数量从 20 提到 30，那么连接数就会增加 150%，即从 190 增加到 435。

当然，网络中的每个连接并非对所有用户都具有同样的价值，因此，我们还需谨慎对待这类分析。在西联汇款这个例子中，我们可以设想：如果西联汇款在墨西哥诸多地区建立了大量的分支机构，那么，对居住在芝加哥附近皮尔森地区的居民来说，它们提供的服务自然价值非凡，因为居住在皮尔森地区的很多移民均与墨西

表 5.2　增加的节点数对应的连接数

节点数	连接数
2	1
3	3
4	6
5	10
10	45
20	190
30	435
40	780
50	1 225

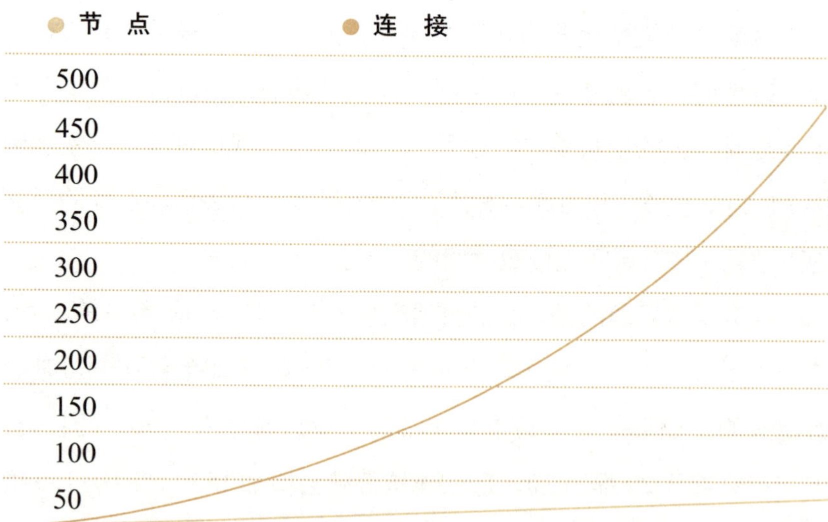

图 5.1　节点数与连接数的关系

哥有关。但是，假如很多皮尔森居民需要向迪拜或达卡（孟加拉国首都）汇款，这些连接对他们就没那么高的价值了。

由此可见，对使用者而言，一个网络的价值更多的还是取决于连接数量，而不是节点数量，但是在连接数量非常庞大时，价值连接比就可能会呈递减趋势。

复制网络不代表能复制护城河

下面这个说明网络效应的例子则来自一个不太为人所知，但利润颇丰的行业：第三方物流。这项业务听起来似乎有点乏味，但40% 的资本回报率，再加上十几年里 20% ～ 30% 的增长率，应该能引起你的兴趣。那么，像美国康捷国际物流(Expeditors International)和罗宾逊全球物流 (C.H. Robinson) 这样的公司，到底是怎样编织如此让人匪夷所思的业绩呢？答案就是在网络效应基础上建立自己的护城河。

这两家公司的业务都是实现托运人与运输工具的对接——我们不妨把他们看成买卖舱位的代理商。罗宾逊全球物流的业务对象是卡车运营商，为发货公司和那些尽可能想保持其运输能力的卡车运营商进行配货。因此，与罗宾逊全球物流存在业务关系的发货人越多，他们对运输公司就越有吸引力，反之亦然。这不仅是一个网络效应的典型示例，也是一种强大的竞争优势。

康捷国际的情况略有不同，他们以国际业务为主，而不仅仅是发货人和运输商之间的配货商。客户通常要求他们在规定时间内把货物运输出境，而且要负责整个运输过程中的每个细节。首先，康捷国际需要代表客户在飞机和轮船上购买舱位，然后再把客户的货物运送已购置舱位，此外，他们还要负责始发点和目的地之间的各项实务，比如海关查验、申报关税和仓储。

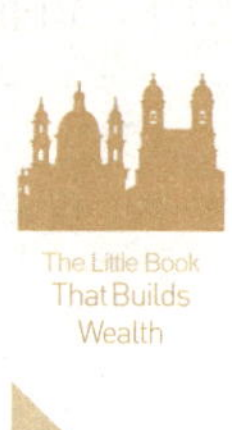

为什么顺丰要向上延伸？我们可以拿美国的样本来观察：UPS在2011年的净利润是38亿美元，Amazon在2011年的净利润是6亿美元。应该说快递是一门非常好的生意。护城河极深，有定价权，利润丰厚。巴菲特也长期持有UPS的股票。顺丰在几次提价的过程中，展现出独有的定价权，有成为中国版UPS的潜力。

康捷国际的护城河在于四通八达的分支网络，这让他们可以更有效地服务于客户，因为不管客户对发货路线有什么要求，康捷国际都能在这条路线的终点和起点拥有一个分支。只要看看康捷国际的财务业绩，就足以验证这一点。如果一个更大的网络，能让康捷国际在每个分支上运输更多的货物，那么，新的分支可以增加现有网络的货物流，因此每条分支的经营收入自然会随之增加。（见图 5.2）

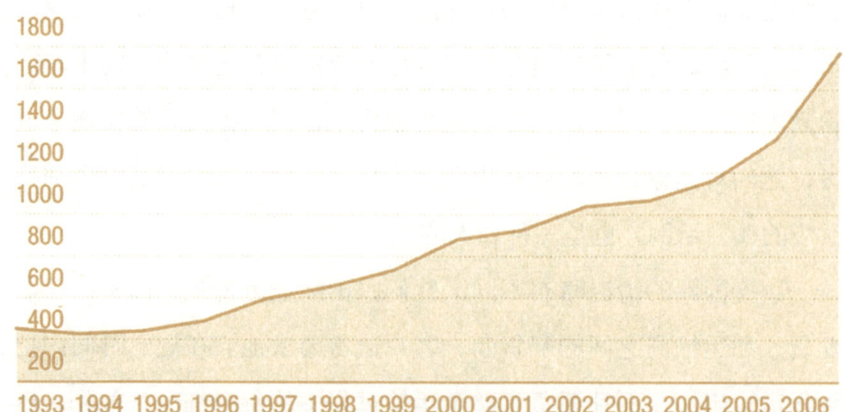

图 5.2　康捷国际每单位分支的平均营业收入（单位是 1 000 美元）

看过这些例子，我们再回过头，看看本章开始时提到的那些网络型的企业。企业高管委员会 (Corporate Executive Board) 定期发布针对大企业的最佳实务研究结果，旨在通过分享相同处境下其他公司的经验，帮助企业高管解决某些问题。从中，我们可以看到网络效应的作用——在企业高管委员会的网络中，参与的企业数量越多，就越有可能为成员企业提供相关信息。此外，它还有助于为一次性解决某些问题而把诸多成员联合到一起。

这项业务的精彩之处在于，已发布的研究实际上并没有网络本身有价值。如果你是一家大公司的高管，时间对你来说异常宝贵，那么，最关键的问题就是你到底应该加入哪个网络。毋庸置疑，当然是和你一样的大公司高管参加的网络，因为他们很可能就是你的竞争对手，你肯定更想知道他们是怎样思考的，更希望能借助别人的经验走到前面。而对于企业高管委员会的任何一个潜在对手来说，肯定也希望能复制出这样一个网络，但只要这个现有的网络还在扩张，希望就不可能实现。

我们可以看到，网络效应是一种异常强大的竞争优势。它并不是不可超越的，但在绝大多数情况下，竞争对手只能望而却步。这绝对是一条很难找到的护城河，不过，还是那句话，它值得你去探索。

寻找投资护城河箴言

如果产品或服务的价值随客户人数的增加而增加，那么，企业就可以受益于网络效应。信用卡、在线拍卖和某些金融产品交易所就是最典型的例子。

网络效应是一种极其强大的竞争优势，在以信息共享或联系用户为基础的业务中，更容易找到这种护城河。但从事有形商品交易的企业却很难体现网络效应的威力。

第6章

成本优势

紧跟潮流还是与众不同

"

戴尔的低成本、零库存策略人尽皆知，

为何还能独霸一方？

垃圾搬运行业怎样靠低成本赚取超高利润？

哪些行业的成本优势才是真正的护城河？

"

目前为止，在我们讨论的所有竞争优势的来源中，无不集中于一点——价格，或者说，企业到底能从客户身上榨取多少油水。无形资产、转换成本和网络效应，都可以让企业对相同的产品或服务收取高于没有这些优势时的价钱。当然，和价格对应的就是成本，因此，企业可以通过低于竞争对手的成本，在自己的身边挖一条护城河。

虽然成本优势在某些时候具有持久性，但它也会瞬间消失。所以说，作为投资者，你需要认识到企业的成本优势是否能轻易复制。在过去的几年里，很多公司都曾夸下海口说他们是怎样通过把某个呼叫中心或是加工厂转移到低成本地区，比如中国、印度或菲律宾等，以达到降低成本的目的。只要有哪个下属提议，找个劳动力成本低 80% 的工厂作为低端部件的供应商，整个管理层就会为之雀跃，似乎大家的智商都翻了一倍。

这绝不是什么天分，更不是可持续竞争优势，因为这些低成本供应商随时会变成其他任何一家公司的采购源。如果一家汽车配件供应商到中国采购低附加值零部件，那么，他的竞争对手需要多久才会拨通这家中国企业的电话，建立类似的采购关系呢？肯定不会很久，因为在利润决定一切的商业世界里，等待的时间越长，高成本生产就会让他们失去越多的生意。在全球化的经济中，对于那些价格敏感性行业来说，采用低成本供应是唯一能让他们屹立不倒的秘诀。

在价格决定客户采购决策的行业里，成本优势的意义非凡。尽管这些行业看起来都是消费品行业，但也不完全如此。以英特尔 (Intel) 为例，与美国超微半导体 (AMD) 相比，他们拥有极大的成本优势，而他们的微处理器却并不是严格意义上的消费型商品（从技术上来讲，消费型商品指的是除价格之外不存在其他差异化因素的产品）。

我认为，要识别出成本优势起决定作用的行业，最可取的方法就是判断它的可替代性。Intel 的芯片当然不同于 AMD 的芯片，但是从客户的角度看，两者却没有任何区别，因此拥有最佳性价比的产品，最有可能得到客户的首肯。英特尔可能具有较低的长期运行成本，但如果 AMD 芯片拥有更好的性能，而且事实也一向如此，那么，客户就有可能会暂时转换产品。

不妨先放下芯片这样的小东西，看看大物件怎么样，不管你信不信，飞机这样的大物件也没什么两样。尽管波音 737 和空客 A320 都属于异常复杂的产品，但它们在航空公司眼里几乎没有任何区别——相同的飞行距离、相同的载客数量等。所以，航空公司在购买新飞机的时候，只看哪家厂商——波音还是空客，会给他们优惠的价格，也就是说，最终的采购决策几乎完全依赖于价格（不过，新型波音 787 引入了大量新技术，而这些举措则是空客所不具备的，波音 787 或许会改变这个定式）。唯一的例外也许就是一直以来只选用一种型号飞机的航空公司，如西南航空公司和捷蓝航空公司 (JetBlue)。

美国和日本的汽车制造商也一样。任何人都不会把福特 Taurus 和本田 Accord（雅阁）汽车混为一谈，所以，价格更低（故障率也需要较低）的汽车将最终赢得市场。成本对汽车制造业来说至关重要，因为价格是客户选择产品的首要决定因素。

成本优势可能来自 4 个方面：**低成本的流程优势、更优越的地理位置、与众不同的资源和相对较大的市场规模。**建立在规模基础之上的成本优势本身表现为多种形式，理解规模优势的意义重大，因此，我们将会在第 7 章单独讨论这一问题，解释越大越好的原因所在。下面，我们将逐一探讨成本优势的其他 3 个来源。

流程优势构建的短暂护城河

流程优势很有趣，在理论上，它不可能持续长久，因而也不可能构成竞争优势。当一家公司找到低成本的产品或服务市场模式时，竞争对手肯定会马上模仿这一流程，从而与业内领导者的成本结构保持一致，这一点不会有什么疑问。虽然这样的事情是不可避免的，但不像我们想象的那么快。因此，我们有必要理解，为什么竞争对手通常需要那么久的时间才能跟进，让最初创造低成本流程的业者在那段时间内获利许多。这点值得我们深入探讨。

至于说到戴尔建立在流程基础上的成本优势和西南航空公司的低价策略，很可能会让大家感到厌烦，我实在是不想再絮叨了。戴尔取消分销环节，采用直销方式，并通过订单式生产 PC 机实现存货最小化；西南航空公司采用单一机型，实现地面时间最小化（用航空业的术语说就是快速周转），在全体员工中间培育厉行节约的企业文化。

然而，有趣的并不是戴尔如何以低成本销售PC机，或是西南航空公司如何低价销售机票，而是在他们的低成本策略已人尽皆知的情况下，两者还能独霸一方。尽管两个公司带来的答案并不一致，但启发是相同的。

其他老牌航空公司并没有复制西南航空公司的低成本模式，原因是多方面的。首先，严格的工会结构意味着，在这些公司中，飞行员不可能去帮助地勤人员清理飞机，这就无法提高飞机的周转时间；其次，由于这些公司需承担高昂的中转站维护费，因此，如采用西南航空的点对点飞行方式，将导致他们的国际航线无钱可赚；再次，在这个一向崇尚以区别对待、差异收费来赚钱的行业里，西南航空公司始终坚持一视同仁的作风。简单来说，要取得西南航空公司的成本优势，其他航空公司就必须在形象上有所改观，而改变一个企业的经营作风绝非易事。

但这没有解释为什么其他新成立的航空公司没有采纳西南航空公司的经营模式。一部分原因在于西南航空锁定了二级机场的时段；另一部分原因则在于，它还锁定了新飞机的供应，保证新飞机的供应具有持续性。

还有一个同样重要的原因：在其他老牌航空公司意识到西南航空公司的威胁时，西南航空已经建立了足够的规模优势——此时，其他老牌航空公司已经找不到捕住这条大鱼的渔网了。对随后成立的新公司来说，由于现有公司在他们的路线上不断压价，使他们只能为了生存而苦苦挣扎。凭借区区有限的几条航线，新的竞争者根本就无力承受不断恶化的长期亏损。

于是，老牌航空公司只能对西南航空的霸道听之任之，而同样的原因，也使现有的PC制造商只能对戴尔睁一只眼闭一只眼：代销商和零售商从制造商手里拿到PC机，然后再直接销售给最终用户，这种联系在分销链中是至关重要的。IBM和康柏，或是其他尝试过模仿戴尔的制造商，要在同等条件下进行竞争，就必须定位自己的经营模式。那么，新成立的公司为什么没有效仿戴尔的经营模式呢？

实际上，确实有两家公司——美光(Micron)和捷威(Gateway)曾在20世纪90年代尝试过走戴尔的路，但他们最终都铩羽而归，损失惨重。美光同时经营多个产品线，这样就太忙了，以至于根本不能有效复制戴尔的超级供应链；而捷威为了达到差异化的目的，不仅以招标形式开设零售店面，甚至直接走进消费市场。就在1996年的时候，戴尔和捷威在规模和盈利能力上还不相上下，这对今天的我们来说是难以置信的。但从那之后，他们的经营就开始各行其道，在戴尔把库存量降低到闻所未闻的水平时，捷威则在大卖场设立专卖店。

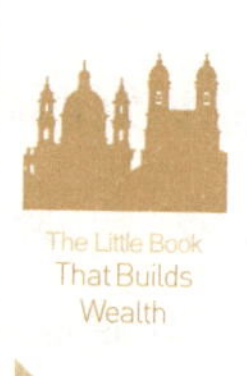

苏宁的盈利模式可概括为：以大规模采购获取低价优势，以低价销售占有市场份额，扩大和巩固销售渠道，以市场份额赢得对上游供应商或厂商的话语权，从而以收取进场费、促销费等其他业务收入补贴主营业务。因此牢牢占有渠道优势和维系与上游供应商或厂商的战略伙伴关系成为公司持续经营和盈利的关键，这种成本优势形成了苏宁的护城河。

在得出某些结论之前，我们还是再看看基于流程建立成本优势的其他几个例子。纽柯(Nucor)和钢铁动力公司(Steel Dynamics)都属于小型钢铁企业，而且生产过程的成本均低于美国钢铁公司(US

Steel）和伯利恒钢铁公司（Bethlehem）等老牌综合性钢铁厂。纽柯公司创建于1969年，主要生产低质钢材，成立不久，他们便依靠低成本和更灵活的生产模式，在诸多综合性钢铁企业的包围中脱颖而出，建立了相当可观的市场份额。钢铁动力公司由纽柯公司于20世纪90年代中期创立。目前，该公司已经成为成本最低的钢铁生产企业——他们的基本流程与纽柯公司一样，但技术却比纽柯公司领先了25年。

在这个例子中，无论是纽柯公司还是钢铁动力公司，都充分利用了新技术的优势，而现有的综合性钢铁企业却无法利用这些技术，因为他们已经在现有生产流程上投入了几十亿美元，他们不可能彻底放弃，从头开始。于是在钢铁市场的其他新进入者可以（而且正在）采用类似的迷你流程时，老牌高成本综合企业的市场份额，已经把纽柯公司和钢铁动力公司喂得酒足饭饱，而且这两家钢铁企业还可以和其他新出现的微型钢铁企业一起，继续享用令人羡慕的资本回报率。

现在，我们再看看这3个例子——西南航空公司、戴尔和微型钢铁公司时至今日的光景。尽管这3家公司依旧令人垂青，但和5年或10年前相比，他们的经济护城河早已不如往昔。原因何在呢？

西南航空公司仍然拥有低于其他老牌航空公司的成本结构，这本身的确是一件难能可贵的事情，但它不得不面对JetBlue和Air Tran的竞争。后者不仅可以得到最新的机型，还可以以低成本在二级机场获得一席之位。此外，老牌航空公司的财务状况江河日下，也给低成本航空公司扩大规模带来了可乘之机——大型航空公司拼死挣扎，因为只有这样，他们才不至于让资源闲置，才有可能击溃新崛起的这些暴发户。于是，新出现的低成本航空公司就必须复制西南航空的某些制胜法宝，在成本上与之抗衡。

与此同时，戴尔依然是PC领域成本最低的制造商。然而，惠普通过业务重组降低成本，IBM等高成本运营商把PC业务出售给联想这样更精明理智的企业，戴尔的优势已经被严重削弱，大不如从前。此外，PC市场的变迁也让戴尔深受其害。因为戴尔的超人之处在于针对企业的台式PC机销售业务，这些谙熟的消费者对自己的需求心知肚明，但PC机市场的近期发展已呈现出笔记本电脑和大众型市场快速增长的态势，戴尔在笔记本电脑上毫无优势可言。而没有专卖店业务员的主动营销，非技术型客户在购买电脑时肯定会谨慎保守。

微型钢铁公司也正在面对安赛乐米塔尔钢铁集团(Arcelor Mittal，是现今全球规模最大的钢铁制造集团）等全球性企业的强势竞争，这些全球性钢铁企业可以在发展中国家的各个角落找到降低成本的机会，从而实现成本的最低化（比如说，安赛乐米塔尔哈萨克斯坦钢铁厂的劳动力成本低得几乎让人难以置信）。随着贸易壁垒的削弱，规模经济所带来的竞争，微型钢铁企业的成本优势已经大为弱化。

因此，这3个例子告诉我们：新进入的企业无法迅速复制其生产流程，或是即便能复制这一流程，也没能破坏整个行业的运行规律，那么，建立在流程基础上的成本优势就可以形成暂时性护城河。但戴尔和西南航空公司的成功，在一定程度上还依赖于潜在竞争对手的不作为或是不合理的经营战略，比如捷威。

而建立在竞争对手的懒惰和犯错误基础上的护城河，显然还不够坚固。因此，对基于流程的护城河还需谨慎看护，因为在竞争对手复制这种低成本流程或是发明新成本流程之后，这种成本优势往往会转瞬即逝。

更优越的地理位置

第二类成本优势源于地理位置上的先天优势。和建立在过程基础上的成本优势相比，这种成本优势更具持久性，因为地理位置更加不容易复制。这类优势在大批量的商品行业更为常见——这些产品通常具有较低的价值重量比（价值 / 重量），且消费市场接近于生产地。

垃圾搬运和石料加工企业，是我们在第 3 章里讨论过的两个貌不惊人但利润丰厚的业务。他们不仅拥有借助于法律法规挖掘出的护城河，而且，也没有几个社区愿意在自己的领地周围挖一个新的大垃圾场或采石场，这就让他们还拥有了一条基于地理位置的护城河。垃圾车到垃圾处理场的路程越远，或是装满石料的载重车到建筑工地的距离越长，搬运垃圾或运送石料的成本就越高。于是，如果这类企业的垃圾场或采石场的位置到客户之间的路途较短，那么，他们也就拥有了更低的成本，这就意味着，竞争对手要抢夺他们的市场，绝非易事。

我们可以近距离看看石料企业在各个层次的经营情况。在采石场所在地，每吨石子、细砂和沙砾的成本在 7 美元左右，再加上从采石场到建筑工地之间每吨每英里 0.10 ~ 0.15 美元的运费，因此，5 ~ 7 英里的路程也只不过给客户带来 10% 左右的额外成本。在实践中，这样的成本表明，采石企业对距离采石场非常近的客户拥有局部范围内的垄断性，在半径 50 英里以内，竞争力会相对弱一些，也就是说，其他采石企业很难占领这里的市场。

水泥厂的经济机理与此类似，他们在距离厂地一定半径的距离内，也拥有这样的定价权。有时候你会感到奇怪：为什么经常会在市中心附近或其他不合时宜的地方看到老水泥厂？这是因为水泥厂一直是该地区附近建筑工地成本最低的水泥供应商，他们的利润率同样也可能高的惊人——这就意味着他们可以缴纳更多的税收，让他们的老板可以在那些对环境问题指手画脚的政客面前挺直腰板。和采石场一样，水泥厂也经常会在他们的邻近区域内形成迷你垄断。

难以复制的地理位置，还可以让某些钢铁企业（尽管不是全部）拥有更低的成本。例如，韩国以前国有的浦项制铁 (Posco) 曾控制高达 75% 的韩国钢铁生产市场。尽管进口原材料提高了浦项制铁的成本，但在弹丸之地的朝鲜半岛上，庞大的汽车制造和造船业，再加上有限的运输成本，给他们创造了巨大的优势。此外，韩国距中国只有一天的海上行程，这就是说，与输入成本较低但运输成本非常高的巴西或俄罗斯钢铁企业相比，他们可以为中国客户提供更低的价格。随着中国的钢铁制造商在质量链中的地位不断提高，优质钢的产量越来越大，浦项制铁的成本优势可能会有所削弱，不过，至少在近期内，这种优势依然是不可忽视的。

独特的资源优势

通常，由商品类企业享有的第三类成本优势源于独一无二的世界级资产。**如果企业拥有的矿藏类资源低于其他资源生产商的采掘成本，那么，这个幸运儿就会拥有竞争优势。**

例如，阿特拉石油公司 (Ultra Petroleum) 是一家中等规模的能源类企业，主要生产和销售天然气，由于怀俄明州部分地区在天然气资源方面的特殊优势，使得阿特拉的生产和销售成本低得不可思议。公司以极低价格提前买下一块地，而此时，还没有多少人意识到该地段的巨大市场潜力，凭着这点，他们的利润率足足比北美天然气制造商的平均水平高出1倍。例如，阿特拉的大多数气井只需要700万美元的钻井成本，而北美其他地区的类似天然气田，即便是附近其他公司的钻井成本也在1 700万～2 500万美元之间。正是这种高不可攀的成本优势，让阿特拉在我们的研究中，成为为数不多拥有最高资本回报率的能源类企业。

最明显的成本优势往往都是天生的，盐湖股份就是天生的赢家。中国只有0.10%的钾肥资源储量，钾肥长期大量进口，对外依存度高达70%左右。盐湖股份公司地处青海察尔汗盐湖，是中国现有最大的钾肥生产基地，2007年前一直占我国钾肥生产量和国产钾肥销售额的90%以上，加上运价远远低于进口钾肥的成本优势，享受了巨额的垄断利润。

几年前，我们还接触过一家拥有这种成本优势的公司，名为康巴斯矿业公司(Compass Minerals)，尽管企业规模小得出奇，但主营业务却是令人诧异的井矿盐行业（是公路除冰盐，而不是炸薯条的调料，这的确够冷门）。康巴斯在渥太华的戈德里奇港拥有一座盐矿，独特的地质条件（目前开采的矿脉厚度超过100英尺）和大规模开采，使他们的除冰盐在全世界都属于最低价格。此外，由于戈德里奇盐矿位于休伦湖下面，也使得康巴斯可以沿河道和运河，按最低的运输成本把岩矿石运到美国中西部。盐矿本身的低价格，再加上低运输成本，共同造就了康巴斯的竞争优势，而靠近消费市场和中西部冬季的恶劣气候，也帮了他们不少大忙。

细细品味一下，你就会发现，这种竞争优势并不仅仅局限于地下资源的采掘行业。以巴西鹦鹉纸浆公司 (Aracruz Cellulose) 为例。这家巴西公司是世界上规模最大、成本最低的纸浆生产企业。他们为什么能做到这一点呢？很简单：他们用来生产纸浆的桉树，在巴西要比世界上其他任何一个地方都长得快（在巴西，桉树的砍伐期为 7 年，而邻国智利的砍伐期就要达到 10 年，北美国家的成熟期则多达 20 年）。由此不难看出，如果鹦鹉纸浆公司的材料每 7 年更新一次，那么他们的竞争对手需要多用 50% ~ 200% 的时间去种树。因此，他们用少量的资本生产更多的纸浆，当然也就不是什么稀奇事了。

便宜未必长久

虽然成本优势可以成为竞争优势最强大的源泉，但不同类型的成本优势在持续时间上却不尽相同。通常情况下，基于过程的优势尤其需要当心，因为这样的优势纵然能持续一段时间，也是因为暂时性因素导致竞争对手无法效仿他们的过程。一旦这些限制因素消失，护城河就会迅速变浅、变窄。**相比之下，以地理位置和某些特殊性资产为基础的成本优势往往更具有持久性。拥有地理位置优势的企业往往可以形成局部垄断，而一流的自然资源更是无法复制的。**

成本优势的最大法宝当然还是规模，只有规模优势创造的经济护城河，才是最长久的。那么，什么时候规模越大越好呢？这就是下一章的主题。

成本优势对那些价格影响客户采购决策最大的行业最为关键。仔细思考产品或服务是否易于找到替代品，可以帮助我们发现哪些行业的成本优势能带来护城河。

低成本的流程优势、上佳的地理位置和独一无二的资源，都能创造出成本优势。但流程导向的优势需要特别注意，因为一家公司能发明的流程，另一家公司就能模仿。

第7章

规模优势

规模越大越强，但前提是你一定要找准方向

The Little Book That Builds Wealth

UPS 与 FedEx 相比，
哪家的资本回报率更高？为什么？
英国最大的付费电视服务供应商——
天空广播公司是凭借什么优势打败竞争对手的？

只有比较大才是比较好。在考虑规模带来的成本优势时，请务必记住：**最关键的并不是企业的绝对规模，而是和竞争对手相比的相对规模。**对共同主宰一个行业的两家大公司——波音和空客来说，他们彼此之间不可能在规模上拥有什么真正的成本优势。但随着本章的深入，我们将会看到，只要相对规模大于自己的竞争对手，即使是绝对规模很小的企业，也能够拥有一条坚固的护城河。

要了解规模优势，首先要认清固定成本和变动成本之间的区分。不妨想想附近的杂货店，它的固定成本就是房租、水电费和人员工资。变动成本则是商店上架存货的进货成本，也可能包括雇员在节假日的额外补贴等。相比之下，不动产经纪公司几乎只有变动成本。除了一间办公室、一部电话、一辆汽车和一台储存待售房产信息的计算机之外，成本也许就只有佣金了，而佣金则随销售额而变。没有销售，就没有佣金。

从总体上看，固定成本相对变动成本的比值越高，规模收益就越大，因而，这个行业也就越稳固。由此也不难理解，为什么全国性的物流公司、汽车制造商或芯片生产商屈指可数，但小型不动产中介公司、律师事务所和会计师事务所却数以千计。和一家只有 10

名律师的律师事务所相比，拥有 1 000 名律师的律师事务所并没有任何成本优势。它也许可以提供更多的业务类型，可以借此拿到更多的订单，但未必比规模较小的竞争对手拥有成本优势。

我们可以把规模带来的成本优势进一步划分为 3 个层次：配送、生产和利基市场。尽管任何经济学会一股脑地把生产规模视为治标治本的因素，但依照我的经验是：大型配送网络或是对利基市场的统治，可以为企业创造同样强大的成本优势，而且在以服务为导向的行业中，这种情况更加普遍。

超宽经济护城河的源泉

大规模配送网络可以形成令人生畏的竞争优势。想想运输业的情况，其中的奥妙不难理解。我们先来看看经营配送车队的固定成本和变动成本。无论是购置还是租借，卡车本身都是一种固定成本，同样属于固定成本的，还有司机的工资以及卡车在运输过程中消耗的大部分油价。而唯一名副其实的变动成本，就是旺季的司机加班费和部分油价（可以这样认为，油料中的固定成本部分为卡车完成常规路线的耗油，而变动成本则是卡车在非常规路线以外需消耗的油料）。

尽管建立和运营配送网络对基础服务业来说是一笔巨大的费用，但货车每多发送一件货物的增量利润，同样也相当可观。我们可以考虑一下：一旦收回固定成本之后，沿常规路线额外发送货物的利润率将非常惊人，因为额外发送货物的变动成本几乎等于零。现在，假设你要和一家已走上正轨的配送公司展开竞争。该公司已收回建设配送网络的固定成本，因而，目前发送的所有货物都能为他们带来增量利润。而你在达到足够经营规模进入投资回收期之前，却不得不在相当长的时间内承受亏损。

实际上，联邦包裹(UPS)的资本回报率明显高于联邦快递(FedEx)的主要原因，就是因为UPS的经营利润主要源于门到门的配送业务，而联邦快递的主要经营利润源则是隔夜信件的发送业务。四通八达的地面配送网络显然比隔夜快递业务拥有更高的资本回报率。半满的货车仍然有可能赚钱，但如果一架货机只有一半装有对时间要求极高的货物，基本就不太可能收回成本了。

水泥行业的“经济护城河”最大可能来自于规模和地域造就的成本优势。规模优势来自于能大肆并购和大规模进行干法生产技术性改造的强大背景的国企；地域优势来自于石灰石资源丰富、半径内多经济发达的城市、运输的便利的地区。在规模和地域形成的成本优势中，规模又是更重要的因素。中国建材、海螺水泥、华润水泥算是这个行业最具规模优势的企业。

很多拥有配送网络的企业都能给自己挖掘一条这样的经济护城河。比如，达登餐厅公司(Darden Restaurants)以“红龙虾”(Red Lobster)连锁店的形式，在美国经营了多家海鲜餐厅。虽然听起来似乎不够刺激，但是为遍布北美大陆的650家餐厅供应新鲜海产品绝非易事。庞大的配送网络使得达登能以高于竞争对手的效率和更低的成本做到这一点。通过远远多于竞争对手的餐厅数量，达登显然可以受益于他们无与伦比的配送规模。

离开味道鲜美的蟹腿，再来看看让人讨厌的医疗垃圾，我们从中依然可以认识到大规模配送网络的优势。适力医疗环保公司

(Stericycle) 是全美从事医疗垃圾收集和处理的最大公司，即使是排在第二位的竞争对手，经营规模也仅相当于适力的 1/16，他们的配送路线让其他同类企业俯首称臣。每条路线上更多的停靠点，直接给他们带来了更挣钱的线路、更高的资本回报率和更宽的护城河。换句话说，庞大而稠密的配送网络意味着适力不仅能比竞争对手提供更低的价格，还能创造更高的利润。

大规模配送网络极难复制，它往往是超宽经济护城河的源泉。从美国最大的食品服务配送商西斯科 (Sysco)，到美国最大的工业用加固件分销商之一的快扣公司 (Fastenal)，再到可口可乐、百事可乐和帝亚吉欧 (Diageo，世界洋酒第一巨头。——译者注) 等大型饮料公司，无不体现这一点。

摊子越来越大，如何保证利润也变大？

成本优势还有可能源于生产规模，最典型的示例就是拥有装配线的工厂。**工厂的生产越接近 100% 的生产容量，盈利性就越高，也就越有可能把房子和水电费等固定成本分摊到更多的产品上。**

此外，工厂规模越大，也越有可能通过分工或机械化生产实现专业化。但在最近一段时期，由于中国和东欧地区的低成本劳动力逐步融入全球经济，导致某些制造业离开欧洲和北美洲，从而使得这种成本优势有所削弱。但对某些企业而言，它依然是名副其实的优势。

最好的例证也许莫过于埃克森美孚公司，通过在诸多经营领域实现规模经济，埃克森的经营成本低于任何一家综合性超级石油公司。尽管规模优势在石油天然气勘探和采掘等上游业务中不够明显，但在提炼和化工业务中却显露无遗，由此而带来的资本回报率让瓦莱罗能源公司(Valero Energy Corporation)和巴斯夫(BASF)等竞争对手自叹弗如。

生产规模不一定只限于拥有大于竞争对手的生产设施。如果我们从通过扩大销售来分摊固定成本的角度看待规模效应，那么，非生产性企业同样也可以受益于规模经济。以著名的视频游戏巨头美国艺电有限公司(Electronic Arts)为例，由于游戏投放市场的成本基本上是固定的(目前约为2 500万美元)，而艺电则可以通过蔚为可观的总体销售额分担这一开发成本，因此，和小企业相比，他们总能更轻松地推出趣味横生的游戏。

综观英国业界，国内最大的付费电视服务供应商——天空广播公司(BSkyB)无疑可以让我们深刻体会到这一点。同样的收费，天空广播公司可以提供比竞争对手更多的节目，因此它可以把成本分摊给更多的用户。即使是最接近的对手——维珍传媒(Virgin Media)，其用户数量也不到天空广播公司的1/3。正是凭借这样的优势，天空广播公司才能购买更多的英超联赛、首映电影和美国热门电视剧，由此又吸引更多的订户，这反过来又让天空广播公司在财务上更具实力，提供更丰富的电视节目。在这个市场上，任何一个新进入者要提供如此丰富的节目，就必须向用户收取更高的价格；要从天空广播公司手里抢走客户，就必须在财务上承受巨大的损失，所有这一切都表明天空广播公司拥有宽阔的经济护城河。

宁当鸡头，不做凤尾

最后一种规模优势源于对利基市场的统治。**即使一家公司在绝对规模上不够大，但只要在市场的某一局部超过其竞争对手，一样**

能形成强大的优势。实际上，对于一个仅能维持一家公司盈利的市场，企业可以呈现近似于垄断的状况，因为其他企业为挤进这个市场而耗费资本，在经济上是没有任何意义的。

例如，《华盛顿邮报》在爱达荷州博伊西这样的小城市拥有大量的有线电视网络，而每个这样的小城市的有限需求仅能维持一家有线电视运营商的生存。既然有限的利润仅够维持一家企业吃饱饭，那么，竞争对手自然也就不会有动力跑到这里投资兴建电视网络，加入这场毫无意义的竞争。如果确实有一家公司进入这个市场上，并建立第二个有线网络，无论是现有公司，还是新进入公司，都不可能达到盈利所需要的客户数量。随着卫星电视的普及，这些小城市有线业者的优势在逐渐削弱，但它们依然体现了利基市场的价值。

最好的战场是那些竞争对手尚未准备充分、尚未适应、竞争力较弱的细分市场。电脑行业的竞争可谓刀光剑影，新产品不断涌现，但对于人们常用的从几兆到几百兆之间的数据交换需求却被广大电脑厂商忽略。深圳市朗科科技有限公司总裁邓国顺看到了这一潜在需求，发明了只有拇指大小的移动存储器——U盘，在行业掀起一场革命，公司也借此获得了迅速发展。

如果企业拥有建立在利基市场基础上的护城河，纵然产品平淡无奇，仍旧可以获得难以置信的资本回报率。我想大多数人都没有想过工业泵，即使是高档喷枪和食品加工用泵，都能让你大赚一笔。明尼阿波利斯市有一家小得不可思议的公司，名为固瑞克(Graco)公司，他们就生产这两样东西，而公司的资本回报率居然达到 40%。这怎么可能呢?

首先，高端工业泵的整个市场没有多大，对资金雄厚的大企业吸引力有限；其次，固瑞克公司在研发方面的支出仅相当于销售额的 3% ~ 4%，这就保证了他们能在满足客户要求的前提下保持投入的最小化；再次，固瑞克公司的产品对终端用户来说是实实在在、可以看到的，但体现的只是工业总生产成本中的一小部分。想想家具表面的去污和涂刷或新汽车的上漆工序，尽管和总成本相比，这最后一笔似乎有点无足轻重，但它却是消费者第一眼就能看到的东西。这样，固瑞克公司就可以从家具生产商或汽车制造商这样的客户身上赚钱。他们多花一点钱并不会给桌子或是跑车的成本带来多大影响，但注定会提升固瑞克的利润率。

虽然这种竞争优势往往存在于规模较小的制造企业，但不限于工业行业。比如说，有一家名为 Blackboard 的超小规模软件公司，他们在学习管理系统市场上占据了 2/3 的份额，这是一种已在大学校园广泛使用的应用软件，用于在教师和学生之间建立连接。Blackboard 公司的软件可以让教师用来布置作业，帮助学生实现项目合作，实现教师和学生之间的沟通。和工业泵一样，这也不是一个庞大的市场，因此，它也不太可能吸引微软或 Adobe 这样的软件巨头。此外，这还是一个高度专业化的市场，因而又需要竞争对手投入巨大的资源，才能了解客户的真实需求，并最终赢得市场。但这个市场实在是太小了，所以没有几家公司愿意尝试。

主宰利基市场的最后一个，同时也是最有意思的例子，就是私人基础设施建设企业。尽管此类公司在美国并不常见，但在其他国家却非常普遍，而机场无疑是其中的绝佳示例。在世界各地，很多机场都属于私人公司，包括墨西哥的绝大部分机场、新西兰的奥克兰机场、阿姆斯特丹的史基浦国际机场 (Schiphol Airport) 等。管理机构的批准（无形资产）无疑是现有机场享有的竞争优势，但更重要的，还是单一竞争经济在此的充分体现。很多地区拥有的航空路线只能保证一家机场盈利，因此，即使有哪个竞争对手获得审批，可以在奥克兰或是墨西哥的瓦拉塔港附近建设第二个机场，也无法为他们带来可以接受的资本回报率。这就把新进入者拒之门外，为现有机场挖掘了一个宽阔无比的经济护城河。

宁愿做小池塘里的大鱼，也不要做大池塘里更大的鱼，重点在于公司的相对规模，而非公司的绝对大小。

只要你的鱼比所有人卖得都便宜，你就能赚到大钱。这样，你还可以卖点别的东西。

尽管规模经济和鱼的外表没什么关系，但它们却能创造更持久的竞争优势。

第 8 章

被侵蚀的护城河

不可逆转的颓势

The Little Book That Builds Wealth

“

微软将 30 多亿美元
砸进几家欧洲有线电视公司，结果如何？
一度在客户面前具有强势地位的甲骨文公司，
现在为什么会在维护费上让步呢？

”

迄今为止，我们几乎一直在讨论体现竞争优势的种种标志，即企业创造经济护城河的结构性特征。如果我们所要做的只是寻找拥有护城河的企业，等着以合理价位进行市场交易，然后永久锁定这些聚宝盆，凭借它们的竞争优势让财富滚滚而来，那么投资就太简单了。遗憾的是，现实的世界并非一成不变，这就让问题变得异常复杂。

在这个充满竞争的世界，即使最高明的分析也会在无法预测的变化面前显得毫无意义。10 年前在纽约证券交易所工作，几乎相当于拿到了印钞许可证。但时至今日，他们能操纵的只有泛滥成灾的泡沫。30 年前，宝丽来革命性地改变了人们拍照的方式，但随着数字图像技术的出现，他们的唯一归宿，恐怕就是在经历漫长而痛苦的挣扎后寿终正寝。长途电话和报纸一直是最可靠、最赚钱的业务，但到了现在，他们却不得不为了生计苦苦抗争。这样的业务不计其数。

所有这些业务都曾拥有强大的竞争优势，但现实的变化，决定了它们必然要退出历史舞台。尽管变化也有可能带来机遇，但也会严重侵蚀曾经强大无比的经济护城河。正是出于这个原因，我们才必须注意被投资企业的竞争态势，紧盯护城河遭到侵蚀的种种迹象。假如你能尽早发觉竞争优势出现衰退的信号，那么你就可以明显提高通过成功投资实现的收益，或是减少失败投资带来的损失。

技术变革如何冲垮企业护城河？

这种危险包括两个方面。第一，靠销售技术的企业，比如生产软件、半导体和网络硬件的企业，随时都冒着在激烈竞争中丧失原有优势的风险。当然，对大多数出售高科技产品的公司来说，需要为建立持久性竞争优势而经历艰难跋涉。但在技术上被竞争对手所替代，同样是大多数企业不得不直面的现实，因为技术性企业的成功，几乎完全依赖于他们是否能比竞争对手更快地推出新产品，这个新产品是否更好、更便宜。因此，一旦新产品上市，企业便会眼看着自己的竞争优势在数月内消失殆尽，这样的风险随时都会出现。正如一位研究竞争优势的学者所说："长期看来，一切将会变得平淡无奇。"

在微博领域，恐怕很难找到新浪的对手。虽然在编辑为主导模式下，新浪的护城河并没有想象中宽广，而且不差钱的腾讯在外部资源和市场推广方面，已经侵蚀了新浪的护城河。但新浪微博最有价值的，是那些已经建立牢固关系的名人用户，以及自认为已经靠近名人并且随时可与名人交流的无数粉丝。这个就是新浪微博最牢固的护城河。

在极个别情况下，如果一种产品能让所有竞争对手俯首称臣，那么生产它的公司也许可以凭借它的成功而自力更生，日益强大，进而成为真正的业内标准。动态研究数据公司（Research in Motion）、红极一时的黑莓手机邮件系统供应商也许就是绝佳的示例。但对那些没有标准制定能力的技术销售型企业，更常见的结局，则是随着时间的推移而被人们淡忘（比如 Palm 手机），或是在苦苦挣扎了若干年之后，被更大的企业所鲸吞，而股东则在一片凄风苦雨中黯然离去。

第二，技术落伍对非技术型企业的影响，是一种更无法预料、同时也是更严重的威胁，因为在技术变化危及他们的生存前，这些企业会给人竞争优势无与伦比的感觉。身处第一位的企业曾经拥有的竞争优势被破坏是一回事，而被视为永不枯竭的印钞机般的业务被市场抛弃，显然是另一回事了。

技术落伍的例子比比皆是。想想柯达对美国胶卷市场长达几十年的统治，为他们带来了滚滚的财源，而时至今日，在数字技术一统天下的世界里，他们不得不为了生存而苦苦挣扎。2002—2007 年的 5 年时间里，他们的累计营业利润只有 8 亿美元，比前 5 年锐减了 85%。柯达能否在数字摄影方面谋得立足之地还不得而知，不过，和柯达以前所涉足的胶卷、纸张和化学品等发展缓慢，但获利颇高的业务相比，产品周期较短的消费电子业务注定会更艰难。

报业曾经是最赚钱的业务，凭借对本地新闻、广告以及各种专栏的垄断，现金便会稳稳地流进他们的腰包。但这样的好日子只能留在记忆中了——互联网给它们带来的打击是致命的，而且无法挽回。尽管报纸不会从我们的生活中消失，但也不能复制以往的辉煌。

互联网更是义无反顾地扼杀了长途电话业务——这也是另一个曾经风光无限的业务。几十年以来，电话公司就像一部印钞机，因为他们垄断了个人和企业实现远距离沟通的业务。今天，人们可以通过以互联网协议为基础的网络实现电话联系，这就让曾经不可一世的电话运营商，面临着比以往任何时候都更为严峻的结构性经济危机。只要拥有一台电脑和一个免费软件，任何人都可以按每分钟几分钱的价格打电话，于是对这些长途电话运营商来说，曾经牢不可破的现金来源也就一去不复返了。不妨问问任何一位时尚前卫的音乐制作人，互联网给音乐行业带来了什么。他们的回答恐怕只有一个字：苦。

最后一个例子，当然也是离投资者最近、他们最感兴趣的例子：股票交易所，尤其是交易商和专业投资人在过去几十年的变迁。20 世纪 70 年代末，纳斯达克成为股票交易市场上最成功的竞争者，它向人们展示出全电子交易所将以更低廉的成本取代叫价式交易所，于是潘多拉之盒被打开了。不断膨胀的纳斯达克市场交易量，加上通讯和计算成本的不断下降，催生了群岛证券交易所 (Archipelago Exchange，简称 ArchEx，被纽约证券交易所收购。——译者注)。随着越来越多的股票避开叫价式交易商和专业投资人，他们的处境也变得越来越不稳定，而买卖价差日趋缩小，又进一步压缩了他们的盈利。

这种能对整个行业的运营带来结构性破坏的技术变革非常罕见，但那些未能及时认清这种变化的投资者，显然要经历一番痛苦。有一点是我们必须牢记的：**技术变革对技术创造型企业护城河的破坏性，甚至比对技术销售型企业的破坏性还要严重，尽管技术创造型企业的投资者也许不认为自己持有科技股。**

行业变迁与非理性竞争对手的进入

就像技术变化会侵蚀曾经强大的护城河一样，行业结构的变迁也会给企业的竞争优势带来永久性破坏。值得警惕的常见变化就是分散性客户群体的结合。在美国，塔吉特 (Target)、沃尔玛和其他大型连锁零售商的出现，导致消费品生产商的运营机制出现了不可逆转的恶化。尽管造成克洛罗克斯公司 (Clorox) 和纽威尔集团 (Newell Rubbermaid) 等企业丧失定价权的因素多种多样，但客户群体的集中导致买方市场的形成是其主要原因。此外，大力销售私人办公用品的 OfficeMax（美国第三大零售办公用品连锁经营商。——译者注）和

Staples（美国一家做办公用品的公司，主要通过网站或目录方式把货物直接销售给他的客户。——译者注），也极大损害了纽威尔的品牌效应。

在零售业的另一个领域，夫妻五金店的败落以及著名家居装饰零售商——劳氏(Lowe's)和家得宝双寡头的崛起，损害了很多五金供应商的利益。即使是斯坦利工具(Stanley Works)和百得电动工具公司这样名声显赫的知名品牌，由于很大一部分工具需要通过劳氏和家得宝销售，也不得不放弃定价权，因为后者显然比独立五金商店更有讨价还价的能力。当然，行业前景的变迁未必是地区性的。随着中国和其他地区的低成本劳动力进入全球市场，很多制造业务的格局发生了永久性变化。**在某些情况下，由于劳动力的影响太大了，以至于以前受益于地理位置型护城河的企业，只能眼巴巴地看着自己的竞争优势被侵蚀，甚至剥夺，因为人力成本的节约足以弥补高昂的运输成本。**最早经历这一变更的无疑是美国木制家具业。

最后一种需要警惕的变化，就是非理性竞争对手的进入。某些对政府具有战略意义的企业，甚至会以牺牲利润为代价，采取具有政治或社会目的的措施。例如，多年以来，飞机发动机行业一直被普拉特－惠特尼发动机制造公司[Pratt & Whitney，由美国联合技术公司(United Technologies)控股]、通用电气以及英国劳斯莱斯(Rolls-Royce)稳稳地操纵着。很长时间以来，这个行业的惯例就是按成本甚至是低于成本的价格销售发动机，他们更依赖于利润丰厚的服务合同来实现盈利；由于飞机发动机的使用寿命可以长达数十年，因此，长期的服务费收入足以让这些制造商肥得流油。

但是在20世纪80年代中期，劳斯莱斯遭遇财务危机，迫切需要英国政府提供援助，帮他们渡过难关。为留住自己的位子，同时也是为了在一个国家内最赚钱的行业赢得业务，管理层断然决定同时削减发动机的销售和维修价格。不幸的是，劳斯莱斯在恢复盈利之后让这种做法延续了很多年，而价格上的竞争，导致普拉特－惠特尼和通用电气的盈利率一度受损。虽然飞机发动机业务始终拥有不可忽视的经济护城河，而且通用电气的利润也有所反弹，但劳斯莱斯的做法显然损害了 3 家公司的利益。

微软竟会亲手填平护城河？

某些增长可能会侵蚀企业的护城河。实际上，我想说的是，**一个企业在没有护城河的领域寻求增长时，往往是在给自己的竞争优势自掘坟墓。**大多数管理者都认为企业越大越好（公平地说，大企业管理者的收入往往高于小企业管理者，因此，他们这样想也是合乎情理）。于是，他们自然有足够的动力向盈利较低的领域断拓展。

在这个问题上，我最喜欢的例子就是微软。诚然，他们的护城河依然宽阔无比，但是在过去的 10 年里，公司在核心操作系统和办公软件领域之外的扩展，并没有给股东带来什么实惠。微软投资过的亏损企业多得会让你惊讶——Zune（媒体播放）、MSN 和 MSNBC 只不过是个开头。你也许不知道，微软曾经想开发一套名为“Actimates”的系列儿童玩具，20 世纪 90 年代末，他们还把 30 多亿美元白白地扔给好几家欧洲有线电视公司。

尽管微软在雇员和销售方面缩减了一些，但假如他们没有在这些领域“一试身手”，没有在这些自己毫无竞争优势可言的行业里作无谓的牺牲，原本就令人羡慕的资本收益肯定会更上一层楼。真不知道一个软件公司怎么会想到开办有线电视频道。

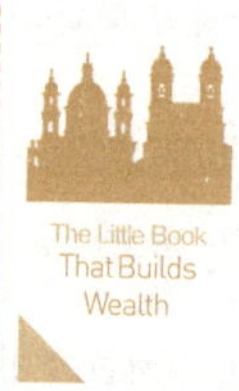

可口可乐比娃哈哈更有实力，但为何其始终坚守饮料这块阵地？竞争是激烈的，一不小心就会被别人干掉。娃哈哈在饮料领域并没有特别深的护城河，当宗庆后投资150亿元抄底正处于寒冬期的白酒时，虽然其在多元化业务上更进一步，但这并没有使娃哈哈的盈利节节攀登。

像很多拥有宽护城河的企业一样，微软总能感觉到自己的处境太优越了，他们从来就不缺少在核心Windows和Office产品上进行再投资所需要的现金。同样，和那几个拥有宽护城河的企业不谋而合——微软也选择了取出这些钱，用来开辟和拓展那些竞争优势稍显淡薄的业务。不过，微软的盈利能力高得离奇，即便像这样挥霍钱财，也不至于把他们的总资本回报率拖累到损失公司形象的地步，但并非每个企业都有这样的能力和运气。对于那些盈利性稍差的企业，没有护城河的投资对资本回报率的损害，足以让企业失去对投资者的吸引力。

你也许会问，除了用来开拓和改进Windows的资金之外，微软到底应该怎样处理手里多余的现金呢？诚然，公司确实可以用一部分资金拓展曾经尝过甜头的互补性业务，比如说数据库软件和服务器操作系统。但归根结底，公司应该把剩余资金以股利形式返还给股东，这是最不被重视但却是最有效的资金分配工具。

当一个企业过度投资于缺乏竞争优势的业务时，也许就是在亲手填平自己辛辛苦苦挖出来的护城河。

当客户说“不”的时候

虽然说这更多的是护城河被侵蚀的信号，而不是问题的根源，但其重要性却毋庸置疑。如果一个可以经常提价的企业开始在客户面前示弱，这就是一个强烈的信号：公司的竞争优势可能出现弱化。

最近就有发生在晨星的分析师眼前的例子。2006年年底，我们的一位分析师注意到，销售数据库软件的甲骨文开始一反常态地停止提高软件维护承包费。从以往的情况看，对于为大规模企业提供大型软件的公司，维护承包一直是最赚钱的业务。通常情况下，大企业客户更倾向于由原软件的供应商提供后期维护服务，因为只有他们才最熟悉软件代码，对软件的最新版本和性能也最为了解。此外，甲骨文还可以宣布停止为老版本软件提供维护，迫使客户进行软件升级。因此，甲骨文每年都会小幅提高维护费，客户虽有微辞，但最终还是要掏钱。

那么，甲骨文现在为什么会在维护费上让步呢？在经过一番深入研究之后，我们发现，少数第三方公司已经形成气候，而且在市场初具规模。如果一家第三方公司完全有能力提供软件维护服务，客户当然也就没有必要进行软件版本的升级了。这似乎已经形成一种趋势，随着时间的推移，这种趋势势必会影响到甲骨文的盈利能力，并最终侵蚀它的护城河。

失去了护城河，也就失去了护身符

正如物理学家尼尔斯·玻尔（Niels Bohr）所言："预测非常难，而预测未来更难。"这恰恰是我们在估计一个企业竞争优势持久性时最真实的感受。但是在很多情况下，未来常常会掩面而来，让我们不识庐山真面目，此时我们就必须重新思考：企业的护城河到底是秋毫无损还是不可预料的逆转已经对企业的竞争优势造成永久性破坏。

寻找投资护城河箴言

技术变革可以破坏企业的竞争优势，但靠技术谋生的企业显然比销售技术的企业更担心，因为技术变革的影响是不可预见的。

如果一家公司的客户群日趋集中，或者某个非理性竞争对手已经不再把赚钱当作唯一目标，这就说明：企业的护城河已经危在旦夕。

增长并不总是好事。因此，一个公司最好还是把主业赚来的钱返利于股东，而不是投入连自己都心里没底的不具备护城河的业务。

第9章

发现护城河

充满未知的发现之旅

The Little Book That Builds Wealth

电信、医疗、金融服务业……哪儿有天生的护城河？

衡量企业盈利能力的最佳方式是什么？

怎样衡量企业的资本回报率？

成为一个聪明的投资者，最大的好处就是让整个世界都成为你的财源。你不一定要投资行业 A 或行业 B，你可以在这个投资世界里自由自在地翱翔，对自己不喜欢的东西可以置若罔闻，随心所欲地去做自己想做的事。如果你想用拥有护城河的企业构建自己的投资组合，这样的自由就显得至关重要，因为在某些行业里，挖掘护城河显然要比其他行业更容易。

这一点太重要了，所以我还要不厌其烦地再重复一遍：有些竞争过于血腥，因此，要在这样的行业里打造竞争优势，管理者非得具备拿诺贝尔奖的水平。另一些行业的竞争却不那么激烈，即使是普普通通的企业，也能保持说得过去的资本回报率（生活从来就是不公平的）。作为一名投资者，在那些管理者只需要稍加努力便可成功的行业里，投资回报就来得有点容易了；但在管理者要跨越艰难险阻才能看到曙光的行业里，要成为长期的胜利者，显然就难上加难了。

我们不妨再来看看两个对立的极端：汽车零部件和资本管理行业。尽管你觉得这样不太合理，但这恰恰是我要阐述的观点。晨星对 13 家汽车零部件企业进行了研究，其中只有 2 家公司拥有经济护城河。对其他企业来说，要实现拿得出手的资本回报率，需要他们咬紧牙关，但即使是这样的成功，也只是白驹过隙，稍纵即逝。

以美国车轴制造公司(American Axle)为例，谁都猜得出，他们为通用汽车和克莱斯勒生产汽车传动轴。5年前，就在美国人对SUV情有独钟的时候，他们始终保持着10%～15%的资本回报率。但是从2003年开始，SUV销售额的不断萎缩和缺乏竞争力的成本结构让公司每况愈下，资本回报率跌至只有1位数的水平。在这个护城河已经干涸、竞争近乎残忍的行业里，这样的故事几乎不用修改，就可以套用到很多企业的身上。

再看看资本管理行业，晨星的研究涵盖18家公开上市的资本管理公司，他们无不拥有自己的经济护城河。实际上，12家公司拥有宽护城河，而其他公司的护城河则很窄（在晨星，我们按竞争优势把企业划分为两类：竞争优势非常持久的公司拥有宽护城河，竞争优势明显但却不够强大的企业则拥有窄护城河。在第11章里，我们将通过若干案例，进一步讨论如何划分这两类公司）。

招商银行注重零售，大部分存款是活期存款，所以资金成本低于绝大多数银行。加之其零售业务启动较早，良好的客户基础成为了其难以逾越的护城河。应对金融脱媒和利率市场化的不利影响。只有那些将存款、贷款、信用卡、保险、第三方存管等诸多业务与零售客户牢牢捆绑住，并通过优质分类服务留住客户的银行才能占据先机。

在资本管理行业，虽然行业进入壁垒较低——只要肯拿出10万美元送给律师和注册登记机构，任何人都可以创建一个共同基金，但是，通往成功需要跨越的壁垒就高得多了，因为它需要一个庞大的销售网络去网罗资金。但这些资产一旦进入资本公司的大门，就会显示出足够的黏性，也就是说，只要手里有一大笔可供把玩的资产，资本经理基本上就可以不费吹灰之力地创造出高回报率。

当然，资本公司也有命苦的时候。设想一家公司专门从事某种特定方式的投资，但这种投资方式已经风光不再，使得以前如日中天的回报率成了梦中往事。几年之后，人们才恍然大悟：大客户通过不正当的交易方式侵占长期基金持有者的利润，而公司对此却听之任之。最终的代价就是公司被卷进了一场暴风雨般的法律纠纷。最好的基金经理纷纷离去，很多投资者对公司提出诉讼。很快，公司旗下管理的资金就萎缩了一半。

难道是基金公司的世界末日到了不成？还不至于。因为骏利资本公司 (Janus Capital) 也曾经面临同样的困境：在经历了世纪初的危机之后，他们的营业利润率曾经跌至 11%，不过现在已恢复到 25% 左右。这就是我们所说的富有弹性的经营模式——拥有护城河的企业。

如何在不同行业找寻优质护城河企业?

表 9.1 按行业对晨星公司研究的 2 000 多只股票进行了分类，由此，我们可以看看哪些行业最有可能拥有强大的护城河。

在技术领域，我们可以看到，相对于硬件企业，软件企业更易于建造护城河。这不仅仅是数字上的问题——硬件企业本身就更侧重于资本密集，这两大类产品的使用方式是造成这种差异的直接原因。一种软件通常要和其他软件结合在一起才能发挥作用，而这种结合就锁定了客户，更增加了客户的转换成本。硬件的采用则更依赖于通用的行业标准，而且硬件的升级也不需要费什么事。当然，也有不少例外情况，比如说思科这样的硬件公司，他们直接把软件内嵌到自己的硬件产品中，这就相当于人为创造了转换成本。**就总体而言，和硬件企业相比，我们更容易在软件公司里发现护城河。**

表 9.1　按行业对护城河分类

行　业	窄护城河 (%)	宽护城河 (%)	总体护城河 (%)
软　件	49	9	58
硬　件	26	5	31
媒　体	69	14	83
电　信	59	0	59
医疗卫生服务	31	11	42
消费者服务	32	7	39
商业服务	36	13	49
金融服务	54	14	68
消费品	32	14	46
工业原料	31	3	34
能　源	55	6	61
公用设施	80	1	81

电信业经历了前几年波涛汹涌的巨变之后，居然还有 2/3 的企业仍然拥有护城河，这似乎有点出人意料，不过，这种现象只有一种解释：在晨星研究的电信公司中，一半以上属于外国公司，这些公司所在国家的管制均比美国更为宽松。总之，要么有一个有利的宏观大环境，要么需要一个不被竞争对手注意的夹缝市场（比如说美国乡村地区的货运商），否则我们就不可能在电信业中找到真正的护城河。但如果你想寻找一家拥有竞争优势的电信公司，我奉劝你最好还是把赌注放到国外。

虽然有些媒体企业近来颇有四面楚歌之势，但整个行业依然是投资者狩猎优质企业的乐园。例如迪士尼和时代华纳，他们控制着大量近乎于独有的内容——这些资源的开发成本令一般企业望而却步，但传播成本几乎等于零。总体上看，我们认为，传播渠道本身的多样性，以及他们对这些渠道的控制，共同造就了媒体企业的竞争优势，同时也为他们规避个别媒体资源落伍带来的风险提供了保障。但和其他诸多行业相比，互联网对传统经营模式的冲击在媒体业中反映得更为明显。不过，具有超强品牌（如迪士尼）或超宽传播网络的企业（如Comcast，康卡斯特）似乎总能遇难呈祥，而他们的护城河也会在冲击面前秋毫无损。

和电信公司一样，医疗卫生企业也需要直面管制的挑战——联邦医疗保险制度的变化，可以让小企业在一夜之间面目全非，但大企业却可以通过产品的多样化而缓解这种风险。从上表中可以看到，在这个领域，拥有护城河的企业相对较少，不过，切莫被表面上的假象所迷惑，因为业内大量的小型生物科技企业和生产单一产品的公司，在一定程度上歪曲了统计数据。通常情况下，销售医疗产品（如药物和医疗设备）的企业要比健康维护组织(HMO，美国最常见的医疗保险形式）和提供医疗护理的医院，更有可能拥有护城河。但对于一种需要长期研发，而且还要克服重重阻碍得到FDA批准的产品来说，我们很难把它和服务断然区分开来。

虽然大型药品及医疗设备公司通常都具有强大的竞争优势，但我们也不要因此而忽视某些小型医疗卫生企业——他们往往可以通过控制某些利基市场，而建立牢不可破的护城河，比如说从事生产睡眠呼吸暂停治疗仪的伟康(Respironics)和瑞斯迈(RestMed)，或是制造血液检测系统的Gen-Probe。

直接面对消费者的企业往往难以形成竞争优势，如餐饮企业和零售商；拥有宽护城河的消费服务企业比例是所有行业中最低的。他们的问题在于低转换成本，我们可以随随便便地在大街上找一家商店或是餐厅，而且他们好的经营理念又易于传播和复制。行业本身的高速增长以及新经营模式的快速传播，使得零售商和餐饮连锁店的护城河，总像海市蜃楼一样挥之即去。不过也切莫就此轻言放弃，因为在这个行业里，好的经营理念的确层出不穷。而存在于服务性企业中的护城河，如 Bed Bath & Beyond（家居品零售商）、全美最大的消费电子零售商百思买 (Best Buy)、塔吉特百货或星巴克，几乎从不犯错，这就给消费者一种可以依赖的感觉，为消费者忠诚于企业和重复消费提供了原动力。这并非不可实现，只不过不容易。

至于为公司业务提供服务的企业，他们的处境则与餐饮零售业截然不同。在晨星研究范围内，这类企业拥有宽护城河的比例是最高的，其中的很大一部分原因在于，他们可以把自己的业务紧密结合到客户的业务中，这就形成非常高的转换成本，进而为他们带来定价权和超乎寻常的资本回报率。比如从事数据处理的 DST 系统公司和 Fiserv，属于这一类型的还有某些拥有不可复制的数据库的企业，如艾美仕市场研究公司 (IMS Health，全球最大的医药市场咨询调研公司)、邓白氏咨询公司 (Dun & Bradstreet) 和艾可菲 (Equifax，美国三大信用报告机构之一。——译者注)。

在这一领域中，存在着大量垄断利基市场的企业，诸如适力医疗环保（医疗垃圾处理）、穆迪投资者服务集团（债券评级）、FactSet 研究系统公司（金融数据收集及分析）和 Blackbaud（针对非营利机构的融资软件）。虽然业务服务型企业离我们的日常生活似乎很遥远，但它们绝对值得你花时间去了解一下，因为这个领域存在的护城河确实太多、太宽大了。

金融服务业是另一个寻找宽护城河的好去处。在一些领域，进入壁垒高得令人生畏——想想看，有几个人能创建一家和高盛或是其他这类巨无霸一比高低的投资银行呢？在巨大的转换成本面前，即使是最平淡无奇的银行也能悠然自得地赚钱，我们已经在第4章里认识到了这一点。黏性资产几乎可以让任何一个基金经理都能赚得盆满钵满，而芝加哥商品交易所和纽约商品交易所之类的金融交易所，更是通过他们的网络效应大把大把地累积资产。

相比而言，除去前进保险公司(Progressive Casualty Insurance)和美国国际集团这样的异类，保险公司要挖掘一条护城河并非易事，因为他们的产品更接近于商品，而且这个行业的转换成本也非常低廉。此外，很多小规模专业贷款机构和不动产投资信托基金也很难形成长久的竞争优势。和服务于公司业务的企业一样，金融服务业同样也值得我们花费点功夫去研究。首先，他们的财务报表明显不同于其他行业的企业，更重要的是，巨大的潜在回报值得我们付出。在这里，护城河无处不在。

在消费品领域，被巴菲特称为“势不可挡”的企业数不胜数，如可口可乐、高露洁、箭牌糖果和宝洁，这些经久不衰的品牌和产品永远都不会过时。它和金融服务业共同成为拥有宽护城河比例最高的行业。原因很简单：绿箭口香糖和高露洁牙膏这样的品牌绝非是在一朝一夕之间形成的。不间断的广告投入和持之以恒的创新，需要大量的资金来维持。

尽管在这个领域易于寻找护城河，但还是要当心品牌价值稍纵即逝的企业，如肯尼思·科尔(Kenneth Cole)和汤米·希尔费格之类的时装品牌；私人贴牌产品随时发起挑战的领域，如卡夫和德尔蒙(Del Monte Foods)等食品公司；低成本劳动力可能会永久性改变行业格局，如伊桑艾伦(Ethan Allen)和Steelcase等家具零售企业。不过，尽管这些“势不可挡”的企业人尽皆知，但也不要忽视那些控制利基市场的企业，比如味好美(McCormick，全球领先的调味品生产商)、莫霍克(Mohawk Industries，地毯生产)、蒂芙尼(珠宝)或希悦尔(Sealed Air，全球最大的保鲜食品和保护包装生产商)。

在一个成本的重要性高于一切的行业里，企业要为自己挖一条护城河绝非易事，这也是我们很难在工业材料企业中看到护城河的主要原因。无论矿山采掘、化工材料、炼钢还是汽车配件，要通过差异化而让产品做到与众不同几乎是不可能的事情。这就意味着，客户唯一关心的就是价格。无论你是否愿意接受，事实都是我们无法回避的：在任何一种商品制造领域里，企业真正拥有的可持续成本优势都是微乎其微的。而在金属制造行业，只有那些超级霸王，如澳大利亚必和必拓(BHP Billiton，全球最大的多样化资源公司)和力拓矿业公司(Rio Tinto)，才有能力创造自己的护城河。

但也不能对所有工业企业一带而过——很多投资者恰恰就是这样做的。只要愿意挖掘，任何地方都能找到璀璨夺目的宝石。最有趣的是，很多工业股的投资者对它们一视同仁，对所有行业都一概而论，只要经济形势走强就买进，反之就抛出。诚然，在这个领域里，确实有很多企业对经济形势极为敏感，但把孩子(有护城河的企业)和洗澡水(没有护城河的企业)一起倒掉的做法，却为我们这些寻找竞争优势的投资者创造了机会。这个领域毕竟是利基市场控制型企业的乐园，如固瑞克(工业泵)和纳尔科(Nalco，水处理)，也不缺少钢铁动力公司(钢铁制造)和沃尔肯(Vulcan，建筑集料)这样的成本优势型企业，当然还有通用动力公司(General Dynamics，国防)和精密铸件公司(高级金属铸造)之类受益于转换成本的企业。所以，老行业也不是没有护城河，只不过你要知道到哪里去找。

从表面上看，能源股更类似于金属商品，但这里的护城河远比你想象的要多，原因有二。首先，专门从事天然气生产的公司会得益于远距离传输的困难。尽管铜和煤炭等材料通过船运等方式可以轻而易举地实现全球运输，但天然气却只能采取管道实现经济化输送——而管道是无法越洋的。因此，北美洲的天然气厂商就可以低成本优势创造护城河，因为他们根本就不必担心中东地区超低成本带来的威胁。那么，北美洲的天然气公司就可以通过开发处于成本曲线低端、具有合理开采寿命的气田，为自己打造一条坚不可摧的护城河。

其次，与天然气不一样，石油交易则是全球性的。还有一点和天然气不同的是，作为一个卡特尔形式的组织，石油输出国组织(OPEC) 在保持高油价方面的作用功不可没。开发油田所需要的巨大投资使得石油生产成为极少数超级资本巨人的乐园，再加上居高不下的油价，让石油商肥得流油，对他们来说，无论多高的资本回报率都不为过。

我们还在能源领域中一个不太引人瞩目的缝隙里发现了大护城河——管道运输。实际上，很多经营管道网络，从事天然气、汽油、原油和其他各种能源类产品的公司均已上市，他们的业务质量之高令人难以置信。

总体而言，管道建设需要监管机构的批准，这本身就不容易，更重要的是，很多管道网络还受益于第 7 章说过的利基市场优势：两个点之间的业务量不足以支撑多家管道网络同时盈利，因此这家公司就可以在局部范围内实现垄断，在允许条件下采取最高的收费标准。此外，这个行业的收费标准也是非常诱人的，因为管道运输行业的管制相对公用事业而言较为宽松。管道运输企业一般采取有限合伙人的组织形式，有可能给投资者带来额外的税收负担，也不适用于个人退休账户或401k计划(401K计划也称为401K条款，是指美国1978年《国内税收法》第401条K项的规定。它是一种由企业和员工共同出资建立养老金账户的一项特殊的养老金制度，适用于私人营利性公司。——译者注)等递延纳税账户，但是在能源市场这个不被人注视的角落里，丰厚的回报和宽大的护城河依然值得我们费点工夫，多交点税。

现在，我们再来看看公用事业。从经济护城河角度看，这个领域没有什么值得期待的。对特定地理范围内的自然垄断似乎可以为他们带来宽阔无比的护城河，不过，管制机构早就看到了这一点，所以才为他们设立了相对较低的最高收费标准——这对消费者来说绝对是福音，但却是投资者的灾难。所以，宽容大度的管制机构，就是公用事业企业最宝贵的财产，这在各地区之间差异很大：东北部和西海岸地区的管制较为严厉，而西南部则稍微宽松。整体而言，尽管公用事业不是一个护城河丰富的市场，但只要抓准时机，看好价位，低成本的资产运营和宽松的管制依然可以给投资者带来可观的回报。

评价企业的盈利性

到此为止，我希望各位能认识到：**护城河之所以能增加企业的价值，在于它们可以帮助企业长时间地保持盈利状态。**那么，衡量企业盈利能力的最佳方式是什么呢？很简单，我们只要看看公司创造的利润与投资量的比值即可。从很多角度看，这个指标都能让业绩优秀的企业显得卓尔不凡，因为任何一个企业的工作，无非是筹集资金，再投入于项目、产品或服务中去赚更多的钱。从企业中流出的钞票相对于流进企业的资金越多，就说明这个企业越赚钱。

三一重工竞争优势明显。首先，公司旗下产品的附加值、技术含量以及提供的售后服务能够让其拥有比竞争对手更高的溢价、成本转化能力及客户黏性。其次，相比其他国内外竞争对手，三一重工的服务优势明显。最后，相比社会负担较重的国企，三一重工以市场为导向的企业管理体制，减轻固定成本的同时提高了公司管理和运营效率。

认识一个企业利用单位资本投入所创造出的经济利润，可以告诉我们这个企业运用资本的效率如何。资金使用效率越高的企业，就是越赚钱的企业，当然也是越值得期待的投资，因为它们能以更快的速度为股东创造财富。

我们不妨可以这样想：一个公司的管理者就像共同基金的经理。共同基金经理拿到投资者的资金后，再投资于股票或债券，为投资者创造回报。和一个资本回报率只有 8% 的基金相比，能创造 12% 资本回报率的基金显然能让投资者的财富更快地增长。企业也没有什么特别的地方，他们也需要通过投资股东的资金而创造财富。理解一个企业实现的资本回报率，我们就可以知道，这个企业是否能有效地把资本转化为利润。

那么，我们又应该怎样来衡量资本的回报率呢？最常见的三种方式是资产收益率 (ROA)、股东权益回报率 (ROE)、投资资本回报率 (ROIC)。每个指标都可以为我们提供相同的信息，只不过方式略有不同而已。

资产收益率指企业利用每 1 美元所创造的收益，如果所有公司的资金都属于资产的话，资产收益率显然是再恰当不过了。这个指标很常见，而且也很实用，我们可以在晨星或是其他网站上查询到任何一家公司的资本收益率。从非常广义的角度来看，如果非金融公司的资本收益率能始终达到 7%，它就有可能在竞争中傲视群雄。

但是，很多企业都不可避免地要通过债券融资，这就要求我们在衡量资本回报率时还要考虑另一个因素：权益报酬率。它同样是衡量资本回报率的一个综合性指标。权益报酬率体现了公司对股东资金的使用效率，具体等于单位股东权益所创造的利润。股东权益回报率的一个缺陷是：企业可以在盈利能力没有提高的情况下，通过大量举债提高股东权益回报率，因此，我们应该把股东权益回报率和企业的负债规模同时考虑。

和资本收益率一样，我们可以在任何一个财经网站上找到绝大多数公司的股东权益回报率。同样，根据总体经验判断，我们可以把 15% 作为衡量竞争能力的临界值——只要企业的股东权益回报率长期达到或超过 15%，那么，它就更有可能比那些低于该临界值的企业拥有护城河。

最后是投资资本回报率，它综合了以上两个指标的优点。**投资资本回报率是投资于企业的全部资本实现的报酬率，不考虑资本的来源是资产还是负债。**因此，它虽然包含了负债——这一点不同于资产收益率，但剔除了高杠杆公司通过负债提高股东权益回报率的弊端。此外，它还通过不同形式的利润，避免了企业融资决策（负债或权益）带来的影响，这样，我们就可以借助于投资资本回报率最大限度地逼近企业经营结果的真实状态。我们可以通过多种方式计算投资资本回报率，而且计算公式也有可能很复杂，因此，投资资本回报率不太可能像资产收益率和股东权益回报率那样，随处可以查到。但归根结底，我们还是要像解读资产收益率和股东权益回报率那样去认识投资资本回报率：投资资本回报率越高越好。

哪里赚钱，护城河就在哪

护城河之所以会增加企业价值，是因为它能让企业长久地保持盈利状态。因此，我们更习惯于用资本回报率来衡量企业的盈利能力，因为只有一个能有效利用资本的企业，才能够更快地增加股东财富。这听起来似乎合情合理，但护城河的作用绝不仅限于用来寻找更强大、更有价值的公司，它还应该成为投资者选股过程的核心内容。

但请务必牢记：在股票市场上，没有必要面面俱到，因为你不可能投资于每一种股票。不加思考地随大流，也不考虑行业本身是否有吸引力，也绝对不是好思路。银行抢匪威利·萨顿 (Willie Sutton) 之所以能“名垂青史”，就是因为他的那句话：“我抢劫银行，是因为那儿有钱。”作为一名投资者，你一定要牢记：

有些行业在本质上就比其他行业更赚钱，它们就是寻找护城河的好去处，它们就是你的长期投资资金要去的方向。

某些行业注定要比其他行业更易于创造竞争优势。

护城河是相对的而不是绝对的。在一个具有内在吸引力的行业里，即使是排名第四的公司，其护城河的宽度也很有可能会超过激烈竞争行业中的老大。

第 10 章

找对“大老板”

管理没有我们想象的那么重要

The Little Book That Builds Wealth

“

一位卓越的管理者管理一家没有护城河的企业
与一位平庸的管理者管理一家有
宽阔护城河的企业相比，
哪种情况更让投资者失望？

”

在经济护城河这个问题上，管理并不像我们认为的那么举足轻重。对于那些把在杂志封面上或是电视中频繁曝光的 CEO 视为神明的人，这样的说法似乎有点夸张，但这是不争的事实：长期的竞争优势（我们在第 3 ～ 7 章中讨论的）植根于诸多结构性特征，而管理者对这些特征的影响其实极为有限。诚然，我们对那些在困境中岿然不动的成功者肯定会念念不忘——星巴克就是代表，他们在整个行业处于低迷的情况下，依然为自己的连锁咖啡店修筑起一条牢固的护城河。但不要忘记：这些企业绝对是背离常规的例外（还记得 20 世纪的贝果连锁店狂潮吗？肯定没几个人记得）。

这种观点与著名商业作家吉姆·柯林斯的观点截然相反——实际上，他似乎只是在迎合很多商业精英，他认为“卓越，在很大程度上是一种意识性选择。”就像喝樱桃可乐、吃西尔斯糖果不能把我变成沃伦·巴菲特一样，“意识性选择”也不可能把奋力挣扎的汽车零部件企业变成大把大把赚钱的数据处理公司。

在 90% 以上的情况下，行业竞争态势对企业是否拥有护城河的影响，要超过经营决策的力量。这并不是说管理者无能，而是因为某些行业注定就比其他行业缺乏竞争力；现实也许有点冷酷无情，但无法回避。在有些行业，CEO 即使什么也不做，依然能保住企业的高资本回报率。

正如我们在第 9 章所言，某些行业的确比其他行业更易于挖掘护城河。随机地在基金管理、银行或是数据处理器行业选一家公司，我们都会看到，他们无一例外地比随意选择的汽车配件、零售商或是硬件公司拥有更高的长期资本回报率。很多商学院和管理精英绞尽脑汁地让我们相信：只要遵从某些妙招秘笈，就能让一个企业从优秀走向卓越。但事实却并非如此。

诚然，聪明的管理者确实可以让一家原本不错的公司更优秀，但我宁愿投资一家资本配置合理的公司，而不是一个由众多超级强人经营的企业。愚蠢的管理者确实可以让一家优秀的企业变得平淡无奇，但是经营决策对企业长期竞争优势的影响大于其结构性特征的情况，绝对少之又少。你也许会认为，这种情况应该不适用于初创企业，因为管理对规模较小、年纪较轻的企业影响更大。

杨勃对于豆瓣功不可没，但豆瓣的长期发展更依赖于其独有的创新盈利模式。豆瓣由杨勃于2005年3月创办，因开创了国内Web2.0新模式而闻名。豆瓣是少数几个能营收平衡的SNS网站之一。它的真正的护城河在于网络效应，即长期积累的大量优质影评、书评和友邻给豆瓣带来的强烈用户凝聚力。

但是，芝加哥大学金融学教授史蒂夫·卡普兰 (Steve Kaplan) 通过最新的研究发现，事实并非如此。在刚刚发表的一篇论文《投资者的赌注到底应该是骑师还是赛马？企业设立计划到上市进程的实证研究》中，卡普兰和他的研究人员指出：**“从根本上讲，初创企业的投资者应该投资于一种强大的业务，而不是一个强大的管理团队。”**

结构性竞争优势 VS 高明管理者

不妨回顾一下第 9 章里谈到的骏利资本公司。尽管管理层把公司搞得一团糟，但仅仅是在几年之后，公司的利润率就恢复到较高水平。还有 H&R Block(美国最大的税收服务公司)，尽管管理层的错误决策曾让他们把大把资金扔到欧德折扣经纪公司 (Olde Discount Brokerage) 这个无底洞里，但无处不在的纳税服务连锁机构，依旧能为他们带来不菲的资本回报率。在这个问题上，不能不提麦当劳，他们的产品曾一度落后于消费者的品位需求，并导致消费服务水平滑落到不可容忍的地步，但麦当劳这个经久不衰的品牌，依然让他们很快摆脱困境，重现盛况。事实说明，在这 3 个例子中，**就长期而言，结构性的竞争优势比高人一筹的经营决策更为重要。**

现在，我们再来看看 3 位超级 CEO——福特前 CEO 雅克·纳塞尔、盖普服饰 CEO 保罗·普雷斯勒和康赛可总裁兼 CEO 加里·文特在拯救福特汽车、盖普服饰和康赛可的过程中，到底发生了什么。他们 3 个人都遭遇了彻底的溃败——对康赛可而言甚至是破产，毫无疑问，他们绝不缺乏管理天赋，也不缺少义无反顾的敬业和拼搏精神。对于一个存在结构性成本劣势的汽车制造商、一个品牌落伍的时装零售点或是一个账面上有太多不良贷款的贷款机构，你能有什么办法呢？巧妇难为无米之炊，即使是世界上最优秀的工程师，也不可能用沙子盖一座 10 层城堡。

像对待其他问题一样，沃伦·巴菲特对管理作用的归纳同样精辟：**“当一个声名显赫的管理者去应对一个以内忧外患而著称的企业时，剩下的就只能是这个企业的坏名声。”**

超人 CEO 在竞争惨烈的行业面前束手无策，这样的情况并不少见，不过，我认为最典型的例子莫过于 JetBlue 的戴维·尼尔曼。在创立 JetBlue 时，尼尔曼的业绩令业内仰慕。在此之前，尼尔曼已经创建了一个令人垂涎的航空公司——这也引来西南航空公司的收购，而在执行西南航空公司收购协议期间，尼尔曼还在加拿大协助开办了低成本航空公司。在创立 JetBlue 时，尼尔曼选用了全新的飞机，而且所有飞机均配备座椅内置式卫星电视和皮革座椅。由于所有飞机的运营成本均低于老飞机，不仅维修少而且使用效率高，这就使得横空出世的 JetBlue 显示出强劲的实力——营业利润率高达 17%，股东权益回报率更是稳稳地保持在令人瞠目结舌的 20%。

遗憾的是，时间永远也不会静止，随着飞机的老化和雇员工资的上涨，JetBlue 的运营成本开始持续上涨。此外，皮革座椅之类的招数也成为业内常规——实际上，西南航空公司很快就采纳了类似的做法。接近于破产状态的资产负债表，部分路线的价格战让 JetBlue 的营业利润率直线下跌。截至创作本书时，JetBlue 的股价已经比 5 年前上市时减少了 30%，除了极个别经营决策不够出色之外，公司业绩的下滑基本与尼尔曼无关。航空业无疑是一个凄风苦雨的行业，这也是决定企业命运的根本原因。

CEO 精英的两难困境

既然这样，CEO 们为什么会吸引投资者这么多的注意力呢？原因有两个，一个显而易见，一个藏而不露。表面的原因在于：商业媒体需要吸引观众，而 CEO 显然是合适的宣传主题。谁不想听听“财富 500 强”的 CEO 娓娓道来他们的传奇经历，讲述非凡利润后面的故事，畅谈国际扩张策略的丰硕成果？当然，这些企业高管也希望就此提高自己的知名度，记者们对报道企业热门话题更是乐此不疲。

虽然这对双方来说是双赢之举，但对投资者来说却没有任何好处，因为投资者从这些媒体上得到的信息是：掌勺大厨的手艺决定了餐厅的口味，同样，企业高管也掌控着企业的命运。遗憾的是，即使是厨艺大师查利·特罗特 (Charlie Trotter) 也要受制于厨房里的配料是否齐全，同样，在一个竞争激烈、环境恶劣的行业里，即便是最杰出的 CEO 也难有作为。管理者作为企业命运决定者而受到如此关注的隐含原因是：所有人都是有偏见的。讲述不存在的故事，寻找非现实的模式，这是人的内在本性——为所有事件找到一个原因，会让我们感到惬意；而把所有原因归咎到某个人，肯定会比指责“缺乏竞争优势”更容易接受。但不可回避的现实是：CEO 们无论是在一个根本就不存在竞争优势的行业里创造竞争优势，还是摧毁一个原本就异常强大的竞争优势，都不是一件轻易可以做到的事。

作为投资者，最简单的就是一定要牢记特例——那些通过远见卓识的 CEO，在荆棘密布的行业里挖掘出护城河的企业。星巴克、戴尔、纽科、Bed Bath & Beyond 和百思买等企业，都是在极其艰难的行业背景下，为股东创造出非凡的财富。但一味盯着这些公司的成功，把他们的成功归结为伟大的 CEO，显然是混淆了“可能性”和“概率”的定义。这样的做法没有任何好处，**因为投资的成功，在很大程度上依赖于我们对时机的把握，或者说对概率的认识。**

护城河比管理者更重要

相比于那些管理层平庸、没有太大作为，但拥有护城河的企业，一个没有护城河但管理者丝毫不亚于杰克·韦尔奇的企业，或许会给我们带来更大的失望。如果你是一个深谙竞争分析的投资者，你就会发现：拥有护城河的公司更有可能保持竞争优势，他们的管理者也许会给你带来意外之喜，也有可能比你预期的要糟糕，但不管怎么说，还有一条护城河为你保驾。相比之下，对没有护城河的企业来说，成功则需要他们克服更多的艰难险阻，因为要在竞争如此激烈的环境下取得成功，他们至少也要像你预期的那样才华出众。但如果这位 CEO 恰巧不是这样聪明呢？那么，公司业绩除了下滑之外，也就没有什么好指望的了。

县域业务是农行最重要的护城河，而差异化定位正是农行抢占县域业务发展的先机。农行的差异化竞争优势体现在拥有发达的网点渠道、先进的产品服务、优质的客户基础、专业化的服务体系、强大的科技力量支撑和广泛认可的品牌形象，加之其国商行的性质，无论其行长怎么更换，都不会对其产生太大影响。

不妨这样想：企业所处的行业和企业的管理者，到底哪个更容易改变？当然，答案是显而易见的：管理者的来来去去是企业的家常便饭，但这个企业的行业竞争在一定时间内却是一成不变的。我们都知道，某些行业本身就优越于其他行业，因此，我们完全可以得出这样的结论：**与可能出类拔萃的 CEO 相比，企业所处的行业对其是否能长期保持高水平的资本回报率更有影响力。**

管理者对企业业绩的影响是毋庸置疑的，但归根结底，还要受制于企业内在的结构性竞争优势。任何 CEO 都不是存在于真空中，尽管伟大的管理者可以增加企业价值，但管理本身却不是可持续的竞争优势。

寻找投资护城河箴言

一定要把赌注放在赛马身上，而不是骑师身上。管理者固然重要，但还不足以超过护城河。

投资的全部内容就是概率，和一个由超级明星 CEO 管理但却没有护城河的企业相比，一个管理者平庸无才但却拥有护城河的企业，更有可能给你带来长期性的成功。

第 11 章

如何运用护城河理论

5 个竞争分析案例

The Little Book That Builds Wealth

“

仅是讲述理论远远不够，

要寻找护城河，发现绩优股。

5 个经典选股案例，

逐一剖析经济护城河的全部真谛。

”

无论是在本科还是研究生阶段，我都是一个不折不扣的理论者。但如果没有确切可见的实例，任何抽象的概念都会变成耳边风。在读研究生的时候，我曾经对政治科学非常感兴趣。不过，尽管熟读马克斯·韦伯、卡尔·马克思和埃米尔·涂尔干的政治巨作，但说句实话，我对他们并不感兴趣（当然不包括约瑟夫·熊彼特的《创造型毁灭》）。相比而言，我更喜欢引用大量证据，用日常生活中的故事来诠释某一主题或理论的著作。我从来就不是一个喜欢数字的人，但把自己定位成一个彻头彻尾的证券分析师，的确是一个不错的开端。

如何识别护城河

在本章里，我想通过 5 家公司的实践经历，逐一剖析经济护城河的全部真谛。我们毕竟要通过这样的方式把本书倡导的理念运用于现实生活。你也许在财经杂志上读过有关他们的文章，或是在基金经理和同事那里听过他们的故事，抑或你觉得有趣而自己去作了一番研究。考虑到这些可能性，我在为本章挑选 5 家公司作分析时，尽可能地保持客观现实——随便挑几本最新出版的《财富》和《巴伦周刊》，从中选出 5 家最受媒体称道的公司。

表 11.1 所显示的，是我在确定这些公司是否拥有护城河时所采用的 3 个步骤。步骤 1 是“看看你有多少钱”——公司是否能始终创造出令人羡慕的资本回报率？在分析这个问题的时候，要在尽可能长的期限内看待资本回报率，因为一两年的表现不佳并不能否认企业护城河的存在（可以在“Morningstar.com”上免费查询公司 10 年内的财务数据）。

如果第一个问题的答案是“否”，而且未来又不太可能出现良性变化，那么，我们就可以判定：这家公司没有护城河。企业的竞争优势毕竟要体现于数字，一个始终无法展示超强经济回报能力的企业，显然不是我们寄予厚望的投资对象。当然，低资本回报率的企业有朝一日也许能翻身，但这样的乐观思想还需要一个前提：企业的基本业务明显好转。这种情况确实存在，找到一个在结构上出现好转的企业，可以让我们大赚一笔，但这样的企业绝对是例外，而不是规律。

表 11.1 识别护城河的步骤

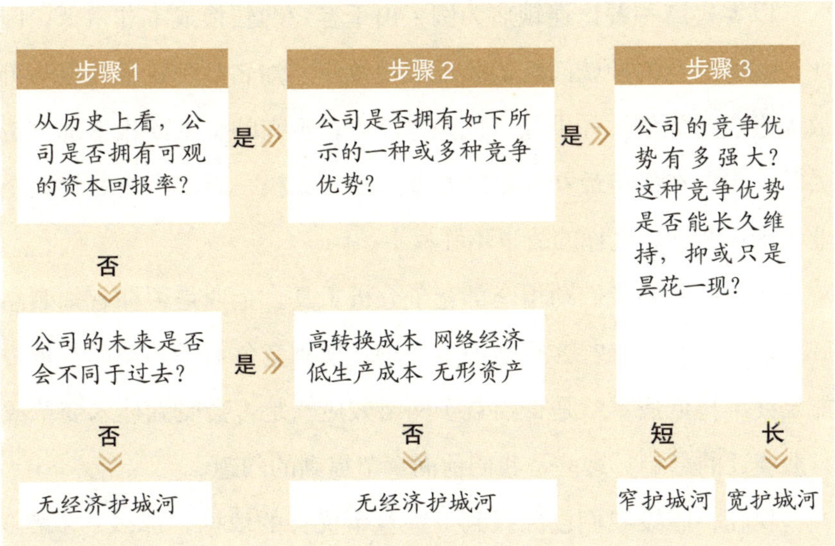

步骤 1

从历史上看，公司是否拥有可观的资本回报率？

是 »

步骤 2

公司是否拥有如下所示的一种或多种竞争优势？

是 »

步骤 3

公司的竞争优势有多强大？这种竞争优势是否能长久维持，抑或只是昙花一现？

否

公司的未来是否会不同于过去？

是 »

高转换成本 网络经济
低生产成本 无形资产

否

无经济护城河

否

无经济护城河

短

窄护城河

长

宽护城河

因此，没有坚实的资本回报率，就相当于没有护城河。但如果一个公司展示出良好的资本回报率，我们的工作就变得复杂了。整个过程的第二步，就是确定竞争优势：也就是说，探寻一个企业何以能长久地置竞争对手于城池之外，创造出超乎寻常的资本回报率。即便一个企业曾经拥有诱人的资本回报率，但只要我们无从验证这种回报率是否能长久维持，护城河的存在性依然是值得怀疑的。如果我们不考虑企业的高回报率能否延续，无异于盯着后视镜开车——不出事的概率微乎其微。

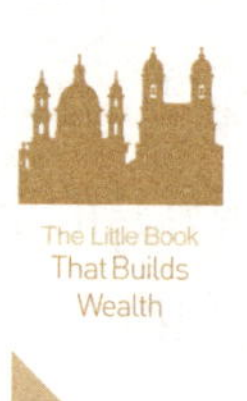

拥有护城河的公司常常让我们联想到垄断，垄断只是护城河的一种模式，但护城河不只限于垄断，比如招商银行的服务理念、华侨城的“旅游+地产”模式，都是宽阔的护城河。“格力电器”所属的空调行业是竞争完全白热化的行业，最近几年甚至已经产能过剩，在这样的行业做到第一应该说是它的“体格”强健最终赢得比赛。

以零售商和餐饮连锁店为例：由于客户的转换成本非常低，因此，这些行业的护城河就依赖于规模效应、知名品牌或是其他防御敌人进攻的优势。如果什么优势也没有，再高的资本回报率都只是昙花一现。在经历最初几年的繁荣之后，红极一时的零售和餐饮企业便销声匿迹，这样的故事不胜枚举。

步骤 2 需要我们动用全部竞争分析工具。企业是否拥有知名品牌？是否有专利权？客户是否不易于转换到竞争对手的产品？是否能始终维持低成本？是否受益于网络效应？是否会受到技术变革或行业变迁的影响？这些是我们前面章节提到的问题。

现在，假设我们已经找到一些竞争优势的依据，那么，步骤 3

就是确定这种优势是否具有持续性。尽管某些护城河实实在在，但却易于搭桥通过，而有些护城河则非常之宽，以至于我们可以信心百倍地预测：高水平的资本回报率还将延续多年。这一点是毋庸置疑的，因此，我觉得也没有必要在这个问题上刨根问底。在晨星，我们把所有公司只划分为 3 大类：宽护城河的公司、窄护城河和没有护城河的公司。在下面的例证中，我也采用了这种方式。

好吧，我们还是用实践来验证这些理论吧。

5 大经典案例剖析护城河真谛

我们的第一个案例是生产“迪尔”牌农业机械的迪尔公司 (Deere)，他们在建筑机械领域也拥有一席之地。

在表 11.2 中，我们可以看到，尽管 1999—2002 年期间迪尔公司的资本回报出现过下滑，但在过去的 10 年里，迪尔的资本回报率基本保持稳健。农业生产具有很强的周期性，如奶酪或啤酒，但只要对迪尔产品的需求越来越稳定，我们就没必要顾虑重重，对此，我们不妨深入研究一番。因此按数字看，迪尔应该拥有护城河。

现在，我们再来看看竞争分析——到底是什么给迪尔带来如此稳健的高资本回报率，这种高资本回报率能否持续下去？品牌当然是他们的法宝。公司已经生存了 170 年，农民对“迪尔”这个品牌的忠诚度是无与伦比的。但凯斯工程机械 (Case Construction Equipment) 和新荷兰 (New Holland) 也不乏铁杆客户，因此，故事的背后肯定有说法。

事实证明，问题的关键在于迪尔的庞大经销商网络，他们在北美洲的渗透程度让竞争对手望尘莫及。迪尔经销商可以迅速为迪尔机械提供备件和整机维修，这就最大限度地减少了种植收割期的机械停工时间。考虑迪尔的客户对时间高度敏感——价值 30 万美元的联合收割机每年也许只工作几个星期，但就是在这几个星期的时间里，机器必须保持稳定的运行状态，不容许丝毫的闪失。

表 11.2　迪尔公司（DE）

迪尔公司	97 年	98 年	99 年	00 年	01 年	02 年	03 年	04 年	05 年	06 年	最近 12 个月	平均
净利率	7.5	7.4	2.0	3.7	−0.5	2.3	4.1	7.0	6.6	7.7	7.3	–
资产收益率	6.2	6.0	1.3	2.6	−0.3	1.4	2.6	5.1	4.6	5.0	4.5	3.5
财务杠杆	3.9	4.4	4.3	4.8	5.7	7.5	6.6	4.5	4.9	4.6	4.7	–
股东权益回报率	24.9	24.8	5.9	11.6	−1.5	8.9	18.0	27.1	21.9	23.6	20.8	16.9

因此，这种迅速修复故障设备和提供替换配件的能力显然是至关重要的。竞争对手完全有可能复制出这样的经销商网络，而迪尔的产品质量一旦出现问题，农民就有可能会转换品牌，所以我们很难说：迪尔拥有宽阔的护城河。但建立这样的网络需要几年的时间，而且竞争对手是否愿意下此狠心也不得而知。由此，我认为，迪尔的护城河虽然不宽但却牢固，同时，我们也可以肯定地说："在未来一段时间里，迪尔还将继续保持高水平的资本回报率。"

下一个例子将把我们带到汉普顿的中心区，这里有著名的玛莎斯图尔特生活全方位媒体公司 (Martha Stewart Living Omnimedia)，发放玛萨斯图尔特的品牌经营许可和举办杂志及电视节目就是他们的全部业务。要知道玛莎的名气到底有多大，只要到那里转一圈，你就能够感觉到：玛莎太能赚钱了。还是先看看表 11.3 中的数据再说吧。

什么？印象不够深刻？乍看来，的确有点令人担忧：即使是玛莎斯图尔特在触犯法律之前的最鼎盛时期，公司的权益报酬率也不到 13%。尽管这样的资本回报率已经不低，但对于一个不需要太多资金的业务来说，我们完全有理由有更高的期望。玛莎斯图尔特的业务毕竟只是主办杂志、电视节目和发售品牌许可，根本就不需要建立工厂或是囤积存货。因此，尽管玛莎斯图尔特的品牌如此畅销，但我还是要得出这样的结论：该公司没有经济护城河。这可不是什么好事。

表 11.3 玛莎斯图尔特生活全方位媒体公司 (MSO)

玛莎斯图尔特	99 年	00 年	01 年	02 年	03 年	04 年	05 年	06 年	最近 12 个月	平均
净利率	11.0	7.5	7.4	2.5	-1.1	-31.8	-36.2	-5.9	-9.3	-
资产收益率	9.1	7.4	7.2	2.3	-0.9	-20.8	-29.2	-7.1	-12.6	-5.0
财务杠杆	1.4	1.5	1.4	1.4	1.3	1.4	1.6	1.7	1.8	-
股东权益回报率	12.8	10.8	10.5	3.2	-1.2	-28.1	-43.5	-11.7	-22.6	-7.8

暂且抛开不需要太多投入资本的公司，我们来看一个投资巨大的企业：阿奇煤炭公司(Arch Coal)——美国的第二大煤炭生产公司。通常情况下，商品类企业很难挖掘自己的经济护城河，因此在开始分析的时候，连我自己也抱有怀疑的态度。但看到这些数字之后，我们才发现：尽管资本回报率还不够完美，但足以令人羡慕。我们在 2004 年才被阿奇煤炭所吸引，但是到了 2006 年和 2007 年，它就向我们显示了非凡的威力 (见表 11-4)。

我们再来深入剖析一下，阿奇煤炭过去 2 年的业绩到底是不是反常，高资本回报率在将来很可能会跌至整体水平以下，还是因为结构性变化为阿奇带来了实质性的好转。首先，阿奇煤炭在 2005

年年底卖掉一批位于阿巴拉契亚中部的赔钱煤矿，这为未来资本回报率的改善打下了基础。其次，阿奇还是控制怀俄明州粉河盆地(Powder River Basin)煤炭供应的4家公司之一，该地区生产的煤炭一直是市政部门的首选，因为这里的煤炭含硫量非常低，而硫又是煤炭燃烧时释放的主要污染物。

表 11.4 阿奇煤炭公司 (ACI)

阿奇煤炭	97年	98年	99年	00年	01年	02年	03年	04年	05年	06年	最近12个月
净利率	2.8	2.0	－22.1	－0.9	0.5	－0.2	1.2	6.0	1.5	10.4	7.3
资产收益率	1.8	1.3	－13.2	－0.6	0.3	－0.1	0.7	4.0	1.2	8.2	5.0
财务杠杆	2.7	4.7	9.7	10.2	3.9	4.1	3.5	3.0	2.6	2.4	2.4
股东权益回报率	5.0	4.9	－80.6	－5.5	1.8	－0.5	2.7	12.9	3.4	20.5	12.0

所有这一切固然都是优势，但如果只与粉河盆地的其他产煤公司展开竞争，除非阿奇能始终保持相对较低的成本，否则，它就不可能拥有护城河(顺便可以提一下，事实并非如此)。然而，粉河盆地的煤炭生产成本要远远低于美国其他地区的煤矿——即使考虑到较高的运输成本之后也一样，因为粉河盆地远离大量耗煤的高污染地区。在一个商品类行业中，只要你的成本始终低于生产同类产品的其他企业，就很有可能拥有一条宽阔的护城河。

既然如此，阿奇煤炭以往的资本回报率为什么没有体现出这种成本优势呢？事实上在几年前，阿奇就以极低的价格签订了一些长期供应协议，目前，这些协议已经陆续到期，取而代之的新协议采用了非常高的价格。这就意味着未来的资本回报率必将出现实质性的提高。因此我们暂时可以认为，阿奇煤炭拥有一条窄经济护城河，不过我们需要随时对这条护城河保持警惕。如果粉河盆地的煤炭开采成本大幅上涨，或是政府通过实施碳化物污染税法导致煤炭不再有吸引力，就应该另当别论了。但根据迄今我们所掌握的情况，阿奇似乎还只拥有一条（非常）窄的护城河。

人们常常认为分析“护城河”就是发现好的历史回报率。然而，以历史纪录为指导是有缺陷的，因为一个公司为股东创造的价值依赖于其在未来的竞争力。高资本回报率会吸引竞争者，如果公司没有强大的竞争优势，那些巨大的历史盈利将很快消逝。但竞争优势并不是显而易见的，你不得不深入挖掘公司的商业模式并将其找出。

随后要提到的第 4 家公司并不像前 3 家这么声名显赫。不过它依然可以让我们对它的护城河有所认识。快扣公司的业务是向全美制造商和承包商经销各种维护、修理及操作工具。他们的经营模式是通过 2 000 家商店专门经销加固件，以其专业化、速度著称——就像公司名一样。虽然这项业务听起来有点乏味，但我们还是用数字来说话吧（见表 11.5）。

天哪！对这样的业务，你也许会浮想联翩，这些数字一点也不乏味。在 10 年的时间里保持 20% 以上的平均资本回报率，再加上最低的财务杠杆系数（负债的财务杠杆作用通常用财务杠杆系数来衡量，财务杠杆系数指企业权益资本收益变动相对税前利润变动率的倍数。——译者注），所有这一切都是不同寻常的。实际上，在晨星数据库中，市值超过 5 亿美元的公司中，只有 50 家的资本回报率能与此媲美。当然，问题的关键在于，快扣公司之所以能够保持如此高的资本回报率，到底是源于他们的竞争优势，还是仅仅出于运气？

通过深入分析，我们会发现，快扣公司受益于类似于水泥和集料企业所享有的以地理区域为基础的规模优势，我们在第 7 章讨论过这个问题。螺丝钉、锚定件和螺栓等加固件重量较大，运输费用较高，但本身成本却不高，这就意味着，快扣公司借助于众多靠近客户的商店实现了巨大的成本优势。地理位置上的优势还意味着短于竞争对手的送货时间，这同样也是一种优势：有些公司要求尽可能地缩短停工时间，而这又要求在设备出现故障时尽快提供备件。

表 11.5　快扣公司 (FAST)

快扣公司	97 年	98 年	99 年	00 年	01 年	02 年	03 年	04 年	05 年	06 年	最近 12 个月	平均
净利率	10.3	10.5	10.8	10.8	8.6	8.3	8.5	10.6	11.0	11.0	11.1	–
资产收益率	22.9	23.2	23.0	22.4	16.0	14.6	13.9	18.4	20.1	20.6	19.0	19.5
财务杠杆	1.2	1.2	1.1	1.1	1.1	1.1	1.1	1.1	1.1	1.1	1.2	–
股东权益回报率	28.0	27.6	26.2	25.2	17.9	16.3	15.6	20.8	22.7	23.3	21.7	22.3

即使是最接近的竞争对手，其经销网点也只有快扣的一半，由此可见，快扣公司完全有可能保持自己的规模优势，尤其是它所控制的几百个小块市场，而这些市场根本就不足以带给竞争对手所奢求的利润。

此外，快扣公司还拥有一支内部配送车队，用于向各经销商店、客户的工作现场配送产品，这就比通过 UPS 等第三方物流节约了大量的运输成本。因此，要和快扣竞争，不仅需要建立一个同样规模的经销网络，还要甘愿在这个只够一个人吃饱饭的市场上，设立一大批不赚钱的经销点。听起来，这似乎是一项有点让人头疼的任务，而恰恰因为如此，我才认为：快扣公司拥有一条能为他们继续带来超级资本回报率的宽护城河。对于最后这个例子，我想说的是，在了解以往资本回报率业绩的同时，兼顾业务本身的竞争态势是非常重要的。如果你在 2004 年看到如下两家公司中的任何一个，你都会对他们的资本回报率垂涎欲滴。尽管公司 A 的历史业绩不如公司 B 稳定，但趋势良好 (见表 11.6 和表 11.7)。

表 11.6　公司 A

公司 A	98 年	99 年	00 年	01 年	02 年	03 年	04 年	平均
净利率	7.3	7.1	6.1	6.7	6.5	7.4	6.3	–
资产收益率	12.8	12.3	11.3	12.9	12.5	14.1	11.7	12.5
财务杠杆	1.7	1.6	1.5	1.4	1.5	1.5	1.5	–
股东权益回报率	21.8	20.2	17.7	17.8	17.9	21.1	21.1	19.2

表 11.7　公司 B

公司 A	98 年	99 年	00 年	01 年	02 年	03 年	04 年	平均
净利率	6.4	5.8	8.0	9.0	8.5	7.8	8.4	–
资产收益率	9.5	10.8	18.3	22.4	20.3	18.9	19.8	17.1
财务杠杆	1.2	1.2	1.3	1.2	1.2	1.3	1.3	–
股东权益回报率	10.8	12.8	23.3	27.9	24.4	23.4	25.0	21.1

公司 A 就是著名的家装用品零售商 Pier 1 进口公司，公司 B 则是热点公司 (Hot Topic)。两家零售商从 20 世纪 90 年代末和新千年的前半段均保持着良好态势。两者都体现出强势增长——热点公司的增长率曾匪夷所思地超过 40%，Pier 1 进口公司也保持在 15% 左右，而且均实现了不可思议的资本回报率。我们还是先看看他们所在的行业属性。Pier 1 进口公司的业务是销售整套进口家居及配件，而热点公司则从事青少年服装零售——只要做好存货管理，紧跟消费潮流，这两项业务都会相当不错。但是，这些显然还不能就此作

出两家公司都将长期保持高水平资本回报率的预测，因为他们的转换成本几乎等于零。

事实证明，我们的怀疑是完全有根据的(见表 11.8 和表 11.9)。

表 11.8　Pier 1 进口公司(公司 A)

Pier 1 进口公司，PIR	05 年	06 年	07 年	最后 12 个月
净利率	3.2	−2.2	−14.0	−16.3
资产收益率	5.6	−3.6	−21.8	−26.3
财务杠杆	1.6	2.0	2.5	2.8
股东权益回报率	9.1	−6.4	−47.9	−60.5

表 11.9　热点公司(公司 B)

热点公司，HOTT	05 年	06 年	07 年	最后 12 个月
净利率	6.0	3.1	1.8	1.8
资产收益率	14.2	7.8	4.4	4.0
财务杠杆	1.5	1.5	1.4	1.5
股东权益回报率	19.3	11.5	6.5	6.1

在随后的几年里，两家公司的资本回报率和股价均一路暴跌(从 2005 年年初到 2007 年中旬，热点公司的股价锐减了一半，而 Pier 1 的股价则减少了 75%)，而且他们的市场命运也如出一辙：随着市场潮流的转向，客户不再购买他们的产品(对 Pier 1 来说，市场竞争也达到了白热化程度)。零售业本身就是一个艰苦的行业——来得容易去得快。

尽管我在这个问题上提到的是零售业，但小型科技企业中也绝不乏类似的例子，或者说，任何一个缺乏结构性竞争优势的企业，都有可能遇到这样的问题。除非企业拥有某些形式的经济护城河，否则无论以往的业绩多么辉煌，预测企业未来创造的股东价值都是有风险的。认识数据是一个开端，但也仅仅是开端而已。认真分析企业的竞争优势是否强大，能否继续保持这种优势，是至关重要的下一步。

在这个问题上，我们可以通过多种工具，把出类拔萃的企业与未来存在诸多不定因素的企业区分开来。但我们怎样才能知道，他们的股价是否合理？这就是我们在随后两章中将要讨论的问题。

寻找投资护城河箴言

要了解一个公司是否拥有护城河，首先要检查以往的资本回报率。超群的资本回报率意味着企业有可能拥有护城河，而糟糕的资本回报率意味着竞争优势的匮乏——除非公司业务出现实质性的变化。

如果资本回报率的历史业绩保持强劲，那么，我们就需要知道企业如何延续这样的资本回报率。可以运用第3～7章讲述的竞争分析工具，确定企业是否拥有护城河。如果没有充分依据证明企业能继续保持这种资本回报率，就说明企业很可能没有护城河。

如果认为企业拥有护城河，就需要判断这条护城河是否牢固，能维持多久。有些护城河可以保持几十年，但有些就没有那么久了。

第 12 章

认清企业的真实价值

再好的公司，花太多钱买进都有损投资组合

The Little Book That Builds Wealth

“

一定要在股价低于企业的内在价值时买进，
但决定企业内在价值的又是什么？
风险、增长率、资本回报率，
当然，还有经济护城河。

”

如果投资仅仅就是寻找一个拥有经济护城河的好企业，那么，在股票市场上赚钱也就容易得多了，而本书也就应该到此为止了。但现实是：**你购买股票的出价对你未来的投资回报至关重要，也正是因为这个原因，我才在前言“成功谋略”的第二步里说“耐心等待，在股价低于其内在价值时买进”**。

估值是一件很有趣的事。我遇到过很多聪明的投资者，他们总能滔滔不绝地告诉我自己持有或是准备买进的股票如何，但却不能回答这样一个最简单的问题：“股票到底是值多少钱呢？”有些人可以为买一辆车用上几个小时的时间讨价还价，为了节省几分钱而跑到几英里外的加油站加油，但也就是这些人，在购买股票时，却对股票背后企业的潜在价值浑然不知。

我认为，这其中的原因仅仅在于，评估股票的价值并不容易，即便是对专业人士来讲，也充满不定数，因此，大多数人干脆一甩了之，根本就不费这份心了。要确定加油站或是汽车经销商给你的价格是不是便宜，毕竟不是什么难事，因为我们可以随便找到类似产品的卖价。如果一个经销商的“雷克萨斯”汽车定价为 4 万美元，而其他经销商的价格则是 4.2 万美元，那么，你完全可以肯定：对同样的车，你的出价绝不应该超过 4 万美元。但在评估一个企业的价值时，我们则会遇到两个难题。

首先，每个企业都有所不同，这就给价值比较带来了困难。增值率、资本回报率、竞争优势的强度以及其他诸多因素，都会影响到企业价值，因此，比较任何两个公司的价值都不容易（但是在某些情况下，价值比较是可行的，我们将在本章的后文中进一步阐述这个问题）。其次，企业价值直接与未来的财务业绩相联系，尽管我们可以依据某些条件进行最合理的猜测，但企业的未来财务状况毕竟是未知的。由于这些原因的存在，大多数人还是更多地关注于易于获取的信息（比如股价），而不是那些难以获得的信息（股票所代表的企业价值）。

但这显然是有问题的。不过，也不是没有好消息：在购买一家公司的股票之前，我们根本就没有必要知道企业的精确价值。你需要知道的，就是股票的当前价格是否低于正常价值。这听起来似乎有点含混不清，因此，我们不妨用一个例子来说明这个问题。

成长股的挖掘都是源于行业分析和个股精选的结合。首先，要找出目前正处于快速成长阶段，且同时是自己颇为熟悉的领域。然后甄选公司的产品是否有足够的“护城河”。如产品自身有足够的技术难度、公司有资本优势或规模优势、企业有一定的客户粘性等，至少保证竞争对手不会短期复制产品和盈利模式。

2007 年夏季，我仔细分析了企业高管委员会，很多年前它就已经进入了我的视野。就在前一年，公司股价下跌一半。在销售额和利润连续多年保持 30% 的年增长速度之后，不知出于何种原因，良好的态势戛然而止：销售增长率大幅下滑，收益增长率也下跌至 10% 左右。通过研究，我发现，这家公司还存在着大量的增长空间。我坚信，企业高管委员会的竞争实力依然强劲。那么，它是否能恢复到以前 30% 的年增长率，还是仅仅会有所改观、达到 15% 左右呢？我的确无法回答这个问题，在这种情况下，评估股票的价值是非常困难的。

那么，我为什么还要买进这只股票呢？尽管我不知道企业高管委员会的股票到底值多少钱，但我知道，按照当时的股价，市场将达到 10% 的增长率。因此，我的唯一任务就是确定该公司的增长率不能恢复到 10% 的可能性到底有多大。根据研究，我认为出现这种结果的可能性微乎其微，于是，我断然买进。只要公司的销售额增长率恢复到 15%，我的投资就够本了，如果能恢复到 20% 以上的水平，那我就捡了一个大便宜。但如果企业增长率继续持续个位数的水平，那我就要赔钱了，不过，我认为出现这种可能性的概率之小，是可以接受的。

在这个例子中，我通过对股价的反推，推断出企业增长预期的类型。在这里，关键之处在于我并不需要知道未来的具体结果；我只需要知道，企业未来是否有可能好于目前股价所反映的状态。对于企业高管委员会来说，尽管我只能推断出股票的内在价值可能在 85 ~ 130 美元，但我可以确信：股价绝不可能低于每股 65 美元（时间会验证我的判断是否正确）。

简单估计公司股票的价值是低于公司内在价值买进股票的关键，因为要买进股票的价格低于其价值，我们首先就需要了解股票的价值是多少。（听起来似乎很简单，但还是有很多投资者从来没有考虑过他们买进的股票价值几何，这是不是让人感到有点不可思议呢？）

企业价值到底几何

一个公司的全部股票价值，就是公司未来所创造现金的现值。就这么简单。

我们仔细看看这个定义。企业通过资本投资创造价值，形成投资的回报。在这个过程中，公司创造的部分现金用于支付经营费用，部分用于再投资，剩余部分就形成了所谓的“自由现金流”。自由现金流通常被称作“所有者收益”，因为它体现了企业的真正剩余，公司所有权人可以把这部分现金从经营过程中取出，而不影响到公司的正常运作。

我们可以把自由现金流看成房东每年年底向租户收取的房租。公寓的所有权人收取房租（相当于销售额），然后用于支付抵押贷款和每年的一些维护费用（相当于经营费用），个别情况下还要拿出一部分用作屋顶或是新窗户等的大修（资本性支出）。剩余的部分就是房东自己的自由现金流。他可以把这部分现金存到银行账户里，到佛罗里达州度个假，或是再买一套公寓。但不管房东怎样使用这笔钱，它都不是维持公寓作为现金创造工具进行正常运作需要的资金。

继续用这个例子，我们再想想：如果一幢楼房的所有房间都用于出租，那么，哪些因素会增加或减少这幢楼房对未来买家的价值呢？扩张或者说增长，肯定会增加楼房的价值：假如楼房旁边有一块可以扩大楼房的空地，其价值就会高于没有这块地时的价值，因为扩建楼房就意味着未来潜在租金收入的增加。租金收入的风险也一样：如果楼房的所有租户都是按月拿工资，就肯定会比住满大学生的公寓更值钱，因为在前者情况下，房东更有把握按月收到房租。

你也许会想到，更高的资本回报率也会提高楼房的价值：如果你认为自己可以提高某一座公寓楼的房租，而且不需要增加任何投资，那么，它的价值就肯定高于房租固定的公寓楼。最后，还不能忘掉了竞争优势：如果一座楼房建起之后，当地政府马上下令禁止在附近兴建新建筑，那么，它就比需要面对很多潜在竞争对手的楼房更有价值。

到此为止，我们已经掌握了决定企业价值的基础：未来的预测现金流变成现实的可能性（风险）、现金流可能有多大（增长率）、维持业务增长需要多少投资（资本回报率）以及企业创造超额利润的持续时间（经济护城河）。在使用价格乘数或其他估值工具时牢记这 4 个因素，你肯定能作出正确的投资决策。

要投资而不要投机

我们可以通过 3 种工具估算企业价值：价格乘数、收益和内在价值。它们共同构成了股票估值工具箱的全部内容，明智的投资者应同时采用一种以上的工具去检验自己的投资决策。我们将在下一章里讨论价格乘数和收益（注：内在价值较为复杂，一般需要借助于折现法，这不是本书讨论的范围。如果你想掌握如何计算内在价值的话，建议你看看我写的另一本有关投资的书——《股市真规则》，这本书深入讨论了股票估值的会计及评估方法）。

但首先浏览一下影响股票收益的因素，肯定会有助于更好地理解价格乘数和收益。从长期看，只有两个因素能影响到股价的涨跌：由收益增长和股利所决定的投资收益，以及由价格收益比又称市盈率 (P/E) 所决定的投机收益。

我们可以认为，投资收益反映了公司的财务状况，而投机收益则反映了其他投资者对股票的预期（悲观或是乐观）。当一只股票的每股价格从 10 美元上涨到 15 美元的时候，既有可能是因为每股收益从 1 美元增加到 1.5 美元，也可能是在每股收益保持 1 美元不变的情况下，市盈率从 10 提高到 15 所造成的。在第一种情况下，股价上涨完全是由投资收益带来的；而在后一种情况下，则完全是来源于投机收益。

如果把投资研究完全放在拥有经济护城河的公司身上，那么，我们就可以实现潜在投资收益的最大化，因为我们所寻找的公司，更有可能实现长期的价值增值和收益增长。

关注企业价值，可以让我们最大限度地减小投机收益带来的风险，也就是其他投资者的心理变化，对我们投资带来消极影响的风险。尽管没有人知道一只股票在未来 5 年或 10 年内的投机收益是多少，但我们完全可以对投资收益作出合理的估计。深入的估价可以帮我们抵御市场心理的不利变化。

判断“护城河”的深浅及变化是定性分析。一个靠谱的方法是：1. 逻辑上推测它被打败的概率，即“证伪”；2. 看市场占有率有无扩大；3. 提价发展型产品企业看销量是否稳健；4. 品牌美誉度的变化是否是一次性长远冲击；5. 一个简单财务观察：毛利率(金融企业看其他成本指标)对比前期变化。

不妨看一个现实中的真实事例。在截至 2007 年中旬的 10 年间，微软的每股年均收益增长了 16% 左右。这就是说，16% 是微软公司 10 年期间的平均投资收益率。但微软股价的同期增长率却只有 7%，这又意味着：它的投机收益肯定是负数，让本来肥得流油的投资收益大打折扣。实际上这恰恰就是现实：10 年之前，微软股票的估值采用的市盈率是 50，而今天的市盈率却只有 20。

我们再对比一下生产 Photoshop、Acrobat 及其他图像处理软件的 Adobe 公司。同样是在过去的 10 年里，Adobe 股票的每股收益年均增长了约 13%——这就是 Adobe 的投资收益率。但他们的股价增长率却相当于投资收益率的 2 倍，约为 24%，其中的原因在于：在这 10 年里，股票的市盈率从当初的 17 增长到现在的 45，这就在投资收益的基础上为他们带来了巨大的投机收益。

可以看到，尽管是同一个行业，尽管同期投资收益增长率基本接近，但市场心理的变化，或者说投机收益的变化，却给两家公司的投资者带来截然不同的结果。微软投资者得到的收益大致上接近市场，而 Adobe 的投资者却让自己的初始投资翻了几番。

我们必须看到，Adobe 绝对是一个极端现象；在买进股票时，如果寄希望于市场赠送一份丰厚的投机收益，显然是愚蠢的。但在 10 年之前按 17 的市盈率买进股票，确实让 Adobe 的投资者最大限度地减小了负投机收益的可能性，而这恰恰让微软的投资者损失了一大笔钱。必须承认，幸运的 Adobe 投资者受益于市盈率的大幅增长，这绝对是可遇而不可求的事情。

这也是我们强调估价重要性的原因所在。**对于未来的投资收益，我们可以通过合理的估价，实现可预见因素（企业的财务状况）影响的最大化，不可预见因素（其他投资者的心理）影响的最小化。**这样的生意，谁不愿意做呢？

寻找投资护城河箴言

公司价值就是它在未来所创造的现金现值，仅此而已。

影响企业估价的 4 个重要因素是：企业在未来所能创造的现金（增长率）、实现这些预测现金流的可能性（风险）、企业运作需要的投资额（资本回报率）以及企业置竞争对手于门外的时间（经济护城河）。

买进估价较低的股票，可以帮助我们抵御市场不稳定性带来的侵袭，因为它把我们的未来投资收益直接与企业的财务状况紧密结合到一起。

第 13 章

估价工具

如何发现廉价的绩优股

The Little Book That Builds Wealth

市销率、市净率、市盈率、市现率，

财务数据使人迷惑？

揭开股票估价的秘密，认清股票的真实价值，

详细解释 4 种估价乘数。

我希望前一章的讲解能让大家明白：估值是保证回报的关键。如果是这样的话，我们就可以继续探讨下一个话题：我们的第一个估价工具——价格乘数。乘数是最常用，同时也是最常被误用的估值工具。

最基本的乘数是市销率（price-to-sales，简称 P/S），等于总市值除以企业的主营业务收入。市销率的优点在于，几乎所有股票都有销售价，即使企业暂时处于亏损情况下也一样，这就使得市销率特别适用于周期性企业或因某种原因而暂时出现亏损的企业。但市销率的麻烦是销售额的价值可能会随着企业利润率的变化而增减。

净利率较低的公司，如零售业，其市销率通常也相对较低，而软件和医药等净利率较高企业的市销率则相对较高。因此，不要按市销率来比较处于不同行业里的企业，也不要认为低净利率企业的股票就是值得买进的廉价股票，高净利率企业的股票就是不值得买进的高价货。

在我看来，**市销率最适用于暂时出现亏损或是净利率存在巨大改善空间的企业**。请记住：高净利率说明单位销售额可以带来更高的利润，而这又会带来更高的市销率。因此，如果一个低净利率的企业与类似低净利率企业的市销率保持一致，而且你认为这家企业能大幅削减成本、提升利润率，那么或许它就是你要寻找的便宜货。

市销率过于关注销售，而没有关注销售利润率。同样的市场板块市销率差别也会很大，所以市销率适合比较同一板块或子版块的股票。高市销率也意味着市场对公司的盈利能力及成长性有更多的期待，这个群体容易产生“黑马股”。不过，市场对于高市销率的个股有着高预期，一旦预期不能兑现，则对这类股票的抛弃亦是十分坚决。

实际上，市销率的最大用途就是寻找拥有下跌缓冲器的高净利率公司。如果一家公司以前一直拥有丰厚的净利率，但当前市销率却很低，那么，市场就有可能看低这家公司，因为其他投资者很可能会把盈利能力的暂时下跌看成永久性的。但如果这家公司能恢复到以前的盈利水平，那么，它的股票就有可能是值得买进的便宜货。在这一点上，市销率的作用要好于市盈率 (P/E)；低收益股票的市盈率可能很高 (因为收益 E 较低)，因此，单纯寻找低市盈率的股票未必能发现这些失宠的股票。

揭开账面净值的奥妙

第二个常用的价格乘数是市净率 (简称 price-to-book，P/B)，它等于公司股票市值与账面净资产或股东权益之比。我们可以认为，账面净资产代表了投资于企业的全部有形资产，包括工厂设备、计算机、存货以及不动产等。之所以在特定情况下才使用市净率，是因为未来收益和现金流都是暂时的，只有公司拥有的实体性财产，才具有更现实、更确定的价值。

在股票估值中，使用市净率的关键在于认识这个“B”的含义。即使公司 A 和公司 B 具有相同的的收益或现金流，但构成其净资产的实体性资产却有可能相去甚远。对于铁路或制造型企业之类的资产密集型企业，账面净资产是能创造收入的大量实体性资产，比如机车、厂房设备和存货。但对于技术型企业之类的服务性公司，创造收入的资产却是人员、理念和流程，但这些资产并不反映在公司的账面上。

此外，创造经济护城河的很多竞争优势，大多并不反映在企业的账面资产中。以哈雷戴维森摩托 (Harley-Davidson) 为例，它的市净率在创作本书时约为 5，这就是说，公司的当前市场价值约为厂房、土地和在产摩托车配件存货等资产账面净值的 5 倍。这也算不错了。但公司品牌的价值并没有包含在账面净值中，而恰恰是品牌才让哈雷戴维森拥有 25% 的经营利润率和 40% 的权益回报率。

值得我们对账面价值多加研究的还有一个奇特的缘故：所谓的商誉会计处理方法也会增加账面净值，商誉只有在一家公司收购另一家公司时才会出现。

商誉等于被收购方有形资产价值与收购方实付价格之差，我们完全想象得到：即使是一家没有多少有形资产的公司，一样可以形成巨大的商誉价值（美国在线收购时代华纳时，商誉导致合并的企业价值增加了 1 300 亿美元）。但问题是，商誉不过是收购方在其他公司出手前的一种收购意愿，至少可以认为它的价值是极其不确定的。**因此，在评估股票价值时，我们最好还是从账面净值中剔除商誉价值——尤其是在市净率漂亮得令人难以置信时，因为庞大的商誉资产可以让账面价值急剧膨胀。**

牛市中大家齐齐往上看，市盈率给市场提供了无限想象空间。到了熊市，大家都往底下看，市净率常常给大家充当寻底的指标。因为它更能体现股票的安全边际，投资者可以先假设最悲观状况下上市公司停产，然后可以按照净资产来变现。不过用市净率选股时，企业的盈利能力好应该是一个前提。

既然市净率有这么多缺点，为什么不把它抛之脑后呢？因为它尤其适用于一个特殊的市场，在这个市场里，拥有牢固护城河的企业远比其他市场多得多，这就是金融服务业。金融企业的资产一般都具有极强的流动性（想一想银行资产负债表上的贷款，你就能理解了），所以，我们很容易对金融企业的价值作出精确评估，换句话说，金融服务企业的账面净值非常接近它们的有形资产价值。在这里，唯一需要注意的是对一家金融公司，不寻常的低市净率可能说明账面净值有问题——或许公司存在某些需要注销的不良贷款。

市盈率估值的利弊

到现在为止，我想大家都不会否认，任何一个价格乘数都有各自的优点和缺陷，而所有这些乘数的根本——市盈率，同样也不例外。市盈率的作用在于，收益最能代表创造价值的现金流，而且获得收益预测值和实际值的来源也非常多。但市盈率也有问题：收益本身是一个噪音极高的指标，离开了具体情况，我们根本就无法断定一个等于 14 的市盈率是好是坏，除非我们对公司有所认识，或是有一个可以进行市盈率比较的基准值。

当然，市盈率让我们最感到困惑的是：虽然 P(价格)可能只有一个，但 E(每股收益)却可能不止一个。计算市盈率时，既可以采用最近一个会计年度收益，可以是当前会计年度、过去 4 个季度的收益，也可以是下一会计年度的收益估计值。那么，你应该采用哪个收益呢？这的确是个很难回答的问题。但不管怎么说，一定要对收益预测采取谨慎态度。这些预测值通常是华尔街所有证券分析师公认的对某家公司的收益估计值。针对乘数的研究表明，就在持续下跌的股票开始反弹之前，这些被市场接受的估计值基本都过于悲观，而对于即将放缓上涨脚步的股票则过于乐观。如果实际收益低于预测收益 25%，原本貌似合理的 15 倍市盈率也就不那么合理了。

我的建议是：首先看看公司在顺境和逆境时的表现，再想想未来会比过去好转还是恶化，最后再估计公司的年均收益。这也是我们采用市盈率进行股票估值的最佳方法，因为首先这是你自己作出的估计，因此，你知道哪些因素会影响这个估计值。其次，它以公司的年均收益为基础，而不是最好年份或是最差年份的非正常值为基础。

一旦找到你的“E”，就可以使用市盈率了。运用市盈率进行估值的最常见方法，就是把目标企业与其他标准进行比较，这个标准可以是竞争对手、行业平均、整个市场或是同一公司其他时点的市盈率。这种方法有很多优点，但前提是绝不能盲目出发，而是要牢记前面讨论过的影响估价的 4 个基本因素：风险、增长、资本回报率和竞争优势。

如果一只股票的市盈率低于同行业中的其他股票，那么，既有可能说明这家公司极富投资价值，也有可能是这种股票只配有这么低的市盈率，因为它的资本回报率本来就很低，出现强势增长的希望就不大，或是竞争优势本来就很弱。在用某一家公司股票的市盈率与这个股票市场的平均市盈率进行比较时，同样需要这些制约因素。

在市场平均市盈率为 18(比如说 2007 年中旬美国的水平) 的情况下，一只市盈率为 20 的股票似乎有点偏贵；但对于一个拥有宽阔护城河、40% 的资本回报率以及在新兴市场中强势成长的企业来说，你还这么认为吗？也许这样的股票一点都不贵。

在比较公司的当前市盈率与历史市盈率时，我们同样需要注意这些问题。投资者经常会用这样的断言来证明价值低估的股票："目前的市盈率是 10 年以来最低的！"（我自己偶尔也会作出这样的判断。）在其他一切条件保持不变的情况下，也就是说，只要成长预期、资本回报率和竞争地位依旧如故，那么，一只市盈率从 30 ~ 40 跌至 20 的股票，听起来似乎是不值得一提的糟糕投资。但如果这些前提条件中的任何一个发生变化，那么，也许所有的预言都将全盘推翻。以往的业绩毕竟不能说明未来。

不时髦≠不实用

最后，再来谈谈我最喜欢的价格乘数——市现率 (price-cash flow ratio，简称 PCF)，它把分子由收益替换成经营现金流。根本不必钻进血淋淋的会计核算中，现金流本身就足以精确反映企业的盈利能力，因为它再简单不过地说明了流进、流出企业的现金是多少，而收益则要受制于各种各样的会计调整。例如，出版商的现金流通常要高于收益，因为读者在拿到杂志之前往往先预付全年订费。相比之下，采用赊销方式的企业，比如说销售等离子彩电的商店，收益则要高于现金流，因为只要客户把电视搬出店门，即使还没有开始按月分期付款，商店也要在账面上记录一笔收益。

你也许会想，如果能让客户在你什么都没做之前就付款，那该有多好啊。这类企业（它们基本以订购为主）的现金流往往要高于收益，因此，采用市盈率估算的指数可能很高，而按照市现率估价则有可能较为合理（这种企业大多还拥有较高的资本回报率）。比如，我在前一章谈到的例子——企业高管委员会，每年披露的现金流要比收益高出 50%。

市现率的价值还在于现金流往往比收益更稳定。例如，它不会受企业重组或资产核销等非现金支出的影响。此外，现金流还在某种程度上考虑了资本的使用效率：对企业实现增长所需运营资本较少的公司，现金流通常要超过收益值。但现金流的缺陷是它没有考虑资产折旧，因此，这就导致资产密集型企业的现金流大多高于收益，而这就有可能高估公司的盈利能力，因为这些折旧资产迟早会被更换。

以上就是最常用的 4 个乘数，它们共同构成了我们估值工具箱中的第一组工具。第二组工具是以收益率为基础的估值工具。它们的优点是：可以直接与目标基准——债券收益进行比较。

千万不要怀疑收益率

如果把市盈率 (P/E) 倒过来，也就是说，用每股收益除以每股市价，就可以得到收益率。如果一只股票的市盈率为 20(20/1)，那么，它的收益率就是 5%(1/20)；而市盈率为 15 的股票，其收益率则是 6.7%(1/15)。与 10 年期国债 2007 年中旬 4.5% 的收益率相比，这两只股票的盈利能力似乎都比国债更有吸引力。当然，国债的背后毕竟有山姆大叔撑腰，这家伙是绝对靠得住的，而股票能否给我们带来投资回报就没有保障了。收益和风险是相伴而行的，多赚的钱就是对多承担的风险进行的补偿——企业的收益会随着时间的推移而增长，而债券收益则是固定不变的。在生活中，我们随时需要权衡利弊得失。

我们可以通过现金回报率提高盈利收益率，现金回报率衡量了通过企业并购实现的年现金收益率，即扣除被收购公司全部负债后的自由现金流。对前一章提到的公寓出租，我们可以把现金回报率视为现金收入流，具体表现为占房价的百分比，简单地说，现金回报率可以告诉我们一个企业创造的现金流相对于整个公司购买成本（包括其负债）的比例。

由于该指标同时考虑了自由现金流（所有权人的收益）并把负债纳入到资本结构中，因而有助于改善盈利收益。计算现金回报率的时候，自由现金流（经营现金减资本性支出）加上净利息费用（利息支出减利息收入），即为盈利收益的分子。而分母则是“企业价值”，即公司市值加上长期负债，再减去资产负债表上的全部现金。用自由现金流与净利息费用之和，除以企业价值，我们就得到了现金回报率。

不妨以 Covidien 公司为例。这家全球领先的卫生保健产品公司在独立上市前，曾属于泰科国际集团。2007 年，Covidien 披露的自由现金流为 20 亿美元，并支付了超过 3 亿美元的利息。因此，20 亿美元加 3 亿美元的利息等于 23 亿美元，这是计算 Covidien 公司现金回报率的分子。公司当时的市值为 200 亿美元，长期负债约为 46 亿美元，两者之和扣除资产负债表上的 7 亿美元现金，得到 Covidien 公司的企业价值 239 亿美元。我们用 23 亿美元除以 239 亿美元，得到 Covidien 的现金回报率 9.6%。考虑到 Covidien 的保健品市场正在呈不断扩大之势，他们的现金流应该继续增加，因此这样的现金回报率是非常诱人的。

现在，我们已经掌握了几种估值工具——乘数和收益率，以

及每一种工具的适用场合。那么，怎样把它们融合到一起来决定一种股票的价格是否低于其价值呢？最简单的答案就是“务必谨慎”。而详细的答案就是：要通过长期的实践和尝试，收获经验与教训，逐渐掌握识别被低估的股票的技巧，但我认为，以下5个步骤将会让你比其他投资者更有可能获得成功。

1. 随时牢记影响估价的4个因素：风险、资本回报率、竞争优势和增长率。在其他一切条件相同的情况下，我们不要太看重风险较高的股票，对拥有更多资本回报率、更强竞争优势和更高增长预期的公司多加关注。

务必牢记：这些驱动因素相互依存、相互作用。如果一个公司具有长期成长潜力，同时拥有低资本投资、弱竞争以及合理的风险，那么，和一个拥有同样成长预期但较低资本回报率和较大不确定性竞争态势的公司相比，它的价值就要高得多。

那些盲目信从PEG（市盈率/预期企业增长率，它是投资大师彼得·林奇最先提出的股票估值指标）的投资者，往往会错过这个最关键的要点，因为他们忘记了高资本回报率基础上的增长，要比低资本回报率基础上的增长更有价值。

2. 综合运用多种工具。如果某个比率或指标说明一种股票是便宜货，就用另一个指标看看。尽管一个明星股票不可能在每个指标上都出类拔萃，但一旦出现这种难得一见的现象，就说明：你已经找到真正被低估的股票。

3. 耐心就一定会有回报。无论多强大的企业，它的股票都不可能永远停留在峰顶，但就像沃伦·巴菲特说的那样：“在投资这个世界里，根本就不存在‘意外’这个词。”列出所有你准备适时买进的好股票，耐心等待好价钱，一旦机会出现，便不失时机地一跃而上。

虽然不要太挑剔——机会不是随处可见的，但请务必记住一件事：只要形势尚不明朗，任何时候都不要把辛辛苦苦赚来的钱打水漂。

4. 挺得住，不要慌张。在整个世界都告诉你快快跑掉的时候，就是你应该买进的好时机。当所有媒体都在大肆吹捧、华尔街一派欣欣向荣的时候，好股票肯定没有好价钱；但股市一片慌张、投资者都在匆忙逃走的时候，你也许会得到一份廉价大餐。在所有人都在抛的时候，你一定要进。当然，这不是每个人都能做到的事情，但这里面就蕴藏着机会。

5. 做你自己，不要盲从。在经历了酸甜苦辣之后，你对一个公司的认识肯定最深刻，因此，建立在这种认识基础上的投资决策，显然比根据圣贤哲人的锦囊妙计作出的决策更可靠。

其中的原因很简单：如果你了解一个企业的经济护城河源于何处，而且还认为股票的当前市价低于其内在价值，那么，你就更容易作出在外人看来与潮流格格不入但却是投资成功所必需的决策。但如果你总是依赖他人的绝招和建议，而不去自己作一番研究，你就会始终怀疑这样的建议到底是好还是坏，于是，高买低卖这样的错误，就总会与你为伍。

在这个世界上，即使是最好的生意，如果价格不合适，也会变成最差的投资。问问所有在 1999 年或 2000 年买进可口可乐或是思科股票的人——当时，这两只股票绝对妙不可言，即便是今天也依然如故，但由于市场估价太高，而股价又太稳定，使得投资者根本就没有机会犯错，当然也没有机会赚钱。买进股票的时候对估价不闻不问，就像买汽车的时候不看价签。但购买汽车的话，至少你还可以享受到驾车的乐趣，而买进太贵的股票，显然就没有这样的搭配性收益了。一定要让估值助你一臂之力，而不是迎上选股过程中的逆风。

市销率最适合暂时出现亏损或是利润率低于企业潜能的企业。如果一个企业具有提高利润的空间，而且又拥有较低的市销率，或许它就是你要寻找的便宜货。

市净率适用于金融公司，因为这些公司的账面净值更准确地反映了企业的有形资产价值。一定要当心超低的市净率，因为这有可能说明账面价值有问题。

一定要注意计算市盈率 (P/E) 时采用的是哪个“E”。最适宜的就是自己的“E”：看看公司在顺境和逆境时的表现，再想想未来会比过去好转还是恶化，据此估计公司未来的年均收益。

市现率可以帮助我们发现现金流出高于收益的公司。它最适合能先拿现金后服务的企业，但是对于拥有大量计提折旧且将来需要替代的硬性资产的企业，则存在高估利润率的弊端。

通过以收益率为基础的估值，我们可以直接与债券等其他投资进行比较。

第 14 章

何时抛出股票

理性抛出同样造就最优回报

The Little Book That Builds Wealth

在合适的时机抛出股票
和选择在什么样的价位买入股票同样重要。
但对专业投资者而言，
最难的部分在于认清股价何时达到最佳，
何时应该抛出。那么，是不是到了该抛的时候呢？

在20世纪90年代中期，我曾遇到一家名为易安信(EMC)的小公司，这家公司的主营业务是销售计算机存储器。在对他们的股票进行一番研究之后，我认为，尽管目前市价稍高，市盈率约为20，但考虑到市场对数据存储的需求旺盛，再加上易安信稳固的市场地位，完全可以对公司的快速增长抱有信心。于是，我在投资组合中放进了相当一部分这只股票。

在此后的3年里，股价从5美元暴涨至100美元，不过，在1年之后，又回到了5美元。尽管在高价位时抛出了1/3头寸，但还是眼巴巴地看着股价一落千丈。虽然我的买进决策没有任何问题，但如果能明智地及早抛出的话，这笔投资肯定就更漂亮了。

抛出一定要有因

如果你问专业投资者投资中最难的事是什么，他们中的绝大多数人都会这样告诉你：认清股价什么时候达到最高价位，至少是接近最高价位，什么时候就应该抛出。在本章，**我想告诉大家怎样确定最佳的抛出时机，因为按照适当理由、在适当的时机抛出股票，和买进拥有巨大升值潜力的股票一样至关重要。**

在你想到要抛出股票的时候，首先问问自己下面几个问题，如果至少有一个问题的答案是“否”，那么就不要出手：

- 我是否犯了错误？
- 公司经营是否已经出现恶化？
- 我的钱是否还有更好的去处？
- 这种股票在我的投资组合中是否比重过高？

或许，抛出股票的第一个原因就是你已经犯了错误。但假如你在最开始分析公司时就漏掉了某些重要事情——无论是什么，最初确定的投资主题都是站不住脚的。或许你曾认为管理层会悬崖勒马，卖掉赔钱的业务，但企业却执迷不悟，继续在这上面搭钱；可能你认为公司拥有很强的竞争实力，但竞争者却在蚕食他们的午餐；或许仅仅是因为高估了新产品的成功。

不管犯什么错误，只要最初买进股票的理由不再，也就没有必要继续持有了。

第二，在抛出股票时，问问自己，公司经营是否已经出现了恶化。多年前，我自己也犯过这样的错误：当时让我犯错的是一家生产电影放映机的公司。这家公司的市场份额非常可观，以往的业绩也异常骄人，而且又适逢多屏幕电影院在美国各地方兴未艾。不幸的是，我对公司增长的预期有点过头，因为多元建筑的热潮正在消散，影院老板开始捉襟见肘，财务状况出现危机。此时，最令他们担心的，并不是兴建新影院，而是还钱，尤其是贷款利息。等到我意识到问题严重性的时候，股价已经跌得惨不忍睹，但我还是忍痛沽出。不过这也是好事，因为股票价格很快就跌到了几分钱。还有一个近在眼前的例子——华盖创意图片社 (Getty Image)。

> 这是一个充满诱惑的企业：通过一个巨大无比的数字图片数据库，为广告商及其他大型图片用户提供数字图片。从本质上讲，华盖已经成为业内最大的图像市场，摄影师可以把自己的作品上传至它的数据库，而使用者则可以找到自己需要的图片。它曾一度成为无限荣耀的企业：拥有令人炫目的增长率、让一般企业高不可及的资本回报率和巨大的经营杠杆率。
>
> 那么，后来发生了什么呢？正是公司自己创造的数字技术，把他们推下了成功的巅峰。随着高品质摄影技术的普及，用廉价相机拍摄专业级图片变得越来越容易。于是，以提供图片为主的网站一时间烽烟四起，这些网站也承认，自己的图片品质低于华盖，但价格却低得多（只有几美元，而华盖的图片动辄数百美元），对于要求不太高的用户来说，这样的图片就已经足够了。再加上在线图片也不需要达到印刷图片那么高的品质，因此，华盖的经济效益和增长预期急转直下，也就不是什么难以想象的事情了。

抛出股票的第三个原因是：你的钱还有更好的去处。作为投资者，你自然希望能让有限的投资得到最大的回报，因此，沽出一个稍微被低估的股票，去抓住千载难逢的时机，绝对合情合理。当然不能不考虑税收。在调换股票时，纳税账户所需要的升值潜力显然要高于免税账户，否则，微不足道的升值也许还无法弥补税收的损失，这一点须谨记在心。我不建议投资者在升值潜能差别不大的股票之间频繁换手，不过，大好时机一旦降临，就切莫错过抛出手里的股票，检验一下自己的判断，这绝对是值得的。

比如说，在 2007 年夏末的次贷危机期间，金融服务业的股票几乎一落千丈。有些股票的狂跌确实情有可原，但是，在很多情况下，华尔街往往是不分青红皂白地全盘否定。重压之下，很多股票的价格低得近乎荒唐。

现在，**我通常会在个人账户至少保留 5% ~10% 的现金，这样，一旦发现便宜货，我就不会因为手里没钱而捶胸顿足。没人知道市场什么时候会发疯，因此，机会也会随时出现。**以前遇到这样的机会时，我常发现手里没有闲钱可用。于是，这一次我开始比较现有头寸和华尔街抛售的银行股，看看谁的升值空间更大。最后的结果是：清理一只持有时间不长但升值潜力却一般的股票，买进一家市价明显低于账面净值的银行股。目前，这家银行已经按更高价被收购，这表明这是一次非常成功、非常值得的调整。

巴菲特认为，抄底要具备两个条件：第一，股市过度低迷，没人或很少有人对股票感兴趣；第二，股价下跌是由于股市自身调整所致。对于巴菲特来说，市场下跌反而是重大的好消息。他认为股市极度低迷、整个经济界普遍悲观时，获取超级回报的投资良机才会出现。

请记住：在某些时候，资金的最佳存放形式就是现金。假如公司股价已经远远超过你认定的价值，而且你对收益率的未来预期又是负数，那么，即便当时还没有为你的资金找到好去处，清仓也是明智的选择。即使现金带来的收益极其有限，但总比负收益要好——当手头股票的价格超过最乐观的估价时，从此以后，这种股票就只能给你带来负收益了。出售股票的第四个原因，自然也是最有说服力的原因：如果一只股票已经让你赚得盆满钵满，而且又占据了整个组合中的很大一部分，此时降低风险，缩小头寸，也许是明智之举。这是一个非常个人化的决策，因为有些人偏偏喜欢让投资组合集中于少数几只股票(2007 年年初的一段时间，我的个人投资组合只包括 2 只股票)，但大多数投资者还是喜欢把每只股票的头寸限制在整个组合的 5% 左右。

市场预期归根结底是市场中所有参与者的态度集合，市场预期大部分时间都是反应股市的基本状况，也就是所谓市场是有效的；但是市场在一部分时间内也会对股票给予高估或低估，特别是在牛市或熊市这样的极端时刻，而这也是熊市买入牛市卖出投资方法的基本原理。

尽管这是你自己的事，但是，如果某只股票的头寸超过组合的 10%，我建议还是要小心行事，一旦感觉不妙就应该适时减仓。毕竟只有你自己才知道什么样的组合会给你带来什么样的感觉，因此，如果减仓让你觉得更舒服，那就不要犹豫。

股价把脉买卖时机，不靠谱

在结束本章之前，我希望读者能注意到这样一个事实：在我列出的这 4 个抛售原因中，没有一个是建立在股价基础之上的。它们的着眼点清一色地集中于公司价值的变化或是可能发生的变化。**在企业价值没有下降的情况下，仅仅根据股价下跌就卖掉股票，绝对是不明智的事情。相反，因为股价出现大涨而清仓同样是不合**

情理的，除非企业价值没有出现相应的增长。大多数人喜欢按股票的历史业绩决定何时抛出。但请不要忘记：真正有意义的是你对企业未来的预期，而不是股价过去的表现。持续大涨的股票没有理由一定要回落，同样，一路下跌的股票也没有理由一定会反弹。

假如你手里的股票已经下跌 20%，而且企业经营持续恶化，眼前又看不到任何回暖的迹象，那么最好还是先把这笔损失记在账上，最起码这样还可以减税。投资成功的砝码往往在于企业的未来业绩，而不是股票以往的表现。

寻找投资护城河箴言

如果你在分析公司时已经犯了错，最初投资的理由已经不再合理，那么，抛掉股票就可能是最佳选择。

强大的企业始终如一固然是最好，不过这样的情况绝对罕见。如果公司的基本面出现永久性而非暂时性恶化，那么，这也许就是你该放弃的时候了。

最优秀的投资者总在为自己的资金寻找更佳去处。把低估价股票换成超廉价股票，乃明智之举。同样，即使眼下还找不到任何价格诱人的股票，把卖掉高估值股票的钱变成现金，也算得上精明之举。

抛出比例过高的重仓股，同属有识之见，不过这全看你的定力如何。

数字外的玄机

股票市场就是我的至爱

喧嚣吵闹的财经报道和美联储的会议总让我感到心烦意乱，而季度财报会上令人窒息的讨论更会让我神经紧张。它们大多不过是噪音而已，几乎与公司的长期价值毫无干系。于是，我基本上对这些东西置之不理，你也应该这样。

每天清晨，我都会精神抖擞地去关注数千家公司是怎样绞尽脑汁地去解决同一个问题——如何比竞争对手赚到更多的钱。企业可以通过多种方式去创造竞争优势，而如何区分卓越与平庸，永远是最有魔力的智力游戏。

当然，它还能让你赚到钱，但条件是在你作出投资决策前，有足够的耐心去等待价格低于内在价值的高品质企业的出现。但关键还要认识到：让投资组合里的公司用实实在在的投资回报帮你赚钱。拥有真正竞争优势的公司，可以持续实现 20% 以上的资本回报率，很少有几个基金经理能长期实现这样的回报率。（截至 2007 年中期，在晨星数据库的 5 550 多家基金中，只有 24 个非行业基金在过去 15 年里实现了超过 15% 以上的年均回报率——这显然不是一件容易的事。）如果有机会成为这些企业的股东，就一定不要错过，如果还能用 80 美分买到 1 美元的股票，那就更值得期待了。

在投资这个问题上，很多人都没有认识到：投资不仅仅是一场数字游戏。多了解一点会计知识，确实可以帮我们从财务报表中读到更多的东西，但我认识很多水平高超但却不谙企业分析和选股之道的会计师。了解现金在企业中怎样流动，以及这个过程如何反映在会计报表之中，的确是必不可少的，但这还远远不够。

要成为一名真正出色的投资者，我们还需要广读博学。《华尔街日报》《财富》杂志以及《巴伦周刊》等主流商业出版物就是不错的开端，因为它们可以扩大你思维里的公司数据库。你熟悉的公司越多，你就越容易作出比较，发现潮流，认清强化或是削弱企业竞争优势的市场动向。**我一直坚信，了解企业，肯定要比了解短期市场动向、宏观趋势或利率预测更能增加投资过程的价值。一份公司年报的价值绝对顶得上美联储主席的 10 次讲话。**

希望你把这些出版物当作投资的家常便饭，把讲述基金经理成功之道的书籍或是他们的心得之作当作营养大餐。成功者的经历，绝对是无可替代的教材。我们同样需要关注每季度致股东函，它们是在免费为我们创造价值。在我看来，这些明星级基金经理送给股东的投资组合季报，绝对是这个星球上最被浪费的宝贝——相比价钱而言，这些报告绝对是物有所值的东西。

最后，还有一些专著探讨了人们的投资决策过程以及这个过程何以充斥偏见等热门话题。盖瑞·贝斯基 (Gary Belsky) 和托马斯·季

洛维奇 (Thomas Gilovich) 的《半斤非八两》(*Why Smart People Make Big Money Mistakes*)、菲尔·罗森茨维格 (Phil Rosenzweig) 的《光环效应》(*The Halo Effect*) 以及贾森·茨威格 (Jason Zweig) 的《格雷厄姆的理性投资学》*(Your Money & Your Brain)* 等佳作，可以让我们认清投资决策过程中的缺陷，帮助我们作出更明智的投资决策。

我希望本书中的观点同样能助你一臂之力。

致　谢

任何一本书都是团队努力的成果，本书也不例外。

能和这么多天才分析师们一起共事，绝对是我一生中最大的荣幸，没有他们，我就不可能有今天的成绩，也不可能对投资有如此深刻的领悟。晨星公司证券分析部的同事对本书的贡献尤为称道，正是有了他们的帮助，我才能用许多恰如其分的实例来说明自己的观点。和他们共事的感觉太美妙了，因为他们能让我每天的工作都充满乐趣。

在这里，我首先要感谢晨星首席证券分析师海伍德·凯利(Haywood Kelly)，他为本书提出了很多宝贵的意见，更重要的是，正是他在多年以前把我引荐到晨星的。此外，我还要对股票分析主管、晨星公司药品行业分析师希瑟·布里连特(Heather Brilliant)说声感谢，在创作本书时，她为我承担了很多工作，对于这样的支持，我无法用语言来表达我的感谢之情。最后，我还要提一提如下几位朋友：负责本书图表制作的克里斯·坎托(Chris Cantore)、对全书进行了通篇润色的卡伦·华莱士(Karen Wallace)、跟踪本书所述项目的莫琳·达伦(Maureen Dahlen)和萨拉·莫辛格(Sara Mersinger)。感谢他们！

当然，我必须提到证券投资总监凯瑟琳·奥戴尔伯和晨星公司创始人、董事会主席兼首席执行官乔·曼斯威托。作为晨星权益研究部的主管，奥戴尔伯的领导才华是出类拔萃的。而作为晨星的领导者，曼斯威托不仅一手打造出这样一家世界级公司，而且还始终把投资者的利益放在第一位。感谢你，乔！

但如果提到最需要感谢的人，恐怕没有人能和我的妻子——凯瑟琳 (Katherine) 相比较，她给我的爱和支持，是我一生中最宝贵的财富。当然还有我的双胞胎女儿——本 (Ben) 和艾丽斯 (Alice)，她们总是让我的生活充满了快乐。

[德] 汉诺·贝克 著 张利华 译

定价：59.80 元

“德国年度最佳财经图书奖”获奖作品、投资专家李大霄作序推荐

金钱不会思考，但你必须会思考！

- 为什么巴菲特 40 多年来一直住在小镇奥马哈，而不是离钱更近的华尔街？
- 赛车手舒马赫身家亿万，为什么还要特意从瑞士开车到德国买便宜的果酱？
- 新口味的可口可乐在盲测中表现优异，为何上市后却遭到了顾客的强烈抗议？

深度揭秘投资中的心理陷阱，帮你从此远离贪婪和恐惧，让起伏不平的资产曲线稳步上升！